INHALT

Redaktionsschluß: 7. 10. 1963

Herausgeber: Institut für Wirtschaftswissenschaften bei der Deutschen Akademie der Wissenschaften zu Berlin

Anschrift der Redaktion: Berlin W 8, Leipziger Straße 3–4

Verantwortlich für den Inhalt: Prof. Dr. J. L. SCHMIDT, Berlin W 8, Leipziger Str. 3–4. Verlag: Akademie-Verlag GmbH, Berlin W 8, Leipziger Str. 3–4, Fernruf 22 04 41, Telex-Nr. 01 17 73, Postscheckkonto: Berlin 350 21. Die Zeitschrift erscheint vierteljährlich. Bezugspreis eines Heftes DM 4,–. Veröffentlicht unter der Lizenznummer 1338 des Presseamtes beim Vorsitzenden des Ministerrates der Deutschen Demokratischen Republik. Bestellnummer dieses Heftes: 1059/7/4. Gesamtherstellung: VEB Druckerei „Thomas Müntzer" Bad Langensalza.

Konjunktur und Krise

Wissenschaftliches Bulletin des Instituts für Wirtschaftswissenschaften
bei der Deutschen Akademie der Wissenschaften zu Berlin

7. Jahrgang 1963 Heft 4

Der Reproduktionsprozeß des Kapitals im Spiegel der westdeutschen volkswirtschaftlichen Gesamtrechnungen

Robert Katzenstein

Es handelt sich bei der vorliegenden Arbeit um einen ersten Versuch, die von der westdeutschen Statistik zusammengefaßten Größen der volkswirtschaftlichen Gesamtrechnungen für die marxistische politökonomische Forschung nutzbar zu machen. Das Ziel der Arbeit ist es noch nicht, diese volkswirtschaftlichen Gesamtrechnungen eingehend zu analysieren und für unsere Zwecke neu aufzubereiten.

Es sollen zunächst nur bestimmte Größenvorstellungen über die Zusammensetzung des gesellschaftlichen Gesamtprodukts, die Bedeutung des Staates als Umverteilungsinstrument und als Konsument von Nationaleinkommen und über die Zusammensetzung des gesellschaftlichen Verbrauches gewonnen werden.

Die Untersuchung wurde vor allem deshalb durchgeführt, weil es sich als notwendig erwies, analysierte Einzel- oder Teilprozesse, z. B. den Reproduktionsprozeß des fixen Kapitals, auch größenmäßig in den Rahmen des Gesamtreproduktionsprozesses einzuordnen, um ihre Bedeutung exakter einschätzen zu können. Das erwies sich deshalb als notwendig, weil man unter dem Eindruck der bei Einzeluntersuchungen gewonnenen Ergebnisse sehr leicht geneigt ist, diese Prozesse in ihrer Bedeutung für den Gesamtverlauf über- oder unterzubewerten. Es soll daher der Versuch unternommen werden, die Glieder des Gesamtreproduktionsprozesses —soweit erfaßbar — größenmäßig und in ihrem Zusammenhang darzustellen.

Von vornherein muß bemerkt werden, daß es sich bei den Ergebnissen der vorliegenden Arbeit keinesfalls um exakte Größen, sondern nur um Größenvorstellungen handelt. Es war vorläufig noch nicht möglich, das westdeutsche statistische Zahlenmaterial so aufzubereiten, daß ein genaues Bild der objektiven Prozesse sichtbar wird. Außerdem werden auch nur sehr zusammengefaßte Größen sichtbar. Diese Größen sollen später noch weiter untergliedert werden, um die verästelten Beziehungen des Reproduktionsprozesses des Kapitals in Westdeutschland noch genauer herausarbeiten zu können.[1] Ob diese Arbeit in Angriff genommen wird und wie weit sie durchgeführt werden kann,

[1] Diese Arbeit wird gleichzeitig eine weitere Überprüfung und bessere Einschätzung des Aussagewertes der Kennziffern der westdeutschen volkswirtschaftlichen Gesamtrechnungen ermöglichen.

hängt einmal von dem vorhandenen, aber doch schon recht reichhaltigen statistischen Material ab, zum anderen aber auch davon, ob die absehbaren Ergebnisse den Arbeitsaufwand rechtfertigen.

Es ist recht schwierig, ein der Wirklichkeit annähernd entsprechendes Bild des geschlossenen Kreislaufs der ökonomischen Prozesse und ihrer Zusammenhänge aus dem westdeutschen Zahlenmaterial abzuleiten. Statistisches Material ist zwar reichlich vorhanden, aber es ist lückenhaft und in den volkswirtschaftlichen Gesamtrechnungen in einer Art aufbereitet, die diese Prozesse eher verschleiert als sichtbar macht. Die Monopolbourgeoisie hat zwar ein Interesse daran, die Produktionszusammenhänge zahlenmäßig zu durchleuchten, zugleich will sie aber die dabei sichtbar werdenden Produktionsbeziehungen der Menschen klassenindifferent gestalten.

Als Grundlage, oder besser gesagt als Rahmen einer solchen kreislaufartigen Darstellung des Gesamtprozesses, kann nur das Kontensystem der volkswirtschaftlichen Gesamtrechnungen dienen, weil nur hier die Beziehungen des Reproduktionsprozesses einigermaßen umfassend und zusammenhängend ausgewiesen werden. Anderes statistisches Material kann vorläufig nur herangezogen werden, um die hier gegebenen Kennziffern, zu einem Teil wenigstens, zu überprüfen und gegebenenfalls auch weiter aufzugliedern.[2] Bei der Verwendung der Angaben des Kontensystems ergeben sich zunächst Schwierigkeiten zweierlei Art.

Die erste betrifft den Inhalt und die Aussagekraft der im Kontensystem verwendeten Kennziffern. Inhaltsmäßig stellen die jeweiligen Positionen keineswegs den zahlenmäßig exakten Ausdruck der objektiven ökonomischen Kategorien dar, die man eigentlich hinter ihnen vermuten könnte. Eine Neuberechnung dieser Kennziffern erfordert so umfangreiche Spezialuntersuchungen, daß sie hier nicht vorgenommen werden konnte. Daher wird auch weitgehend die in der westdeutschen Sozialproduktsberechnung übliche Bezeichnung der Positionen beibehalten, um von vornherein den Eindruck auszuschalten, es handele sich tatsächlich um die Darstellung objektiver ökonomischer Kategorien. Zugleich ist es notwendig, den Grad der Aussagekraft der wichtigsten Kennziffern durch einige Hinweise näher zu umreißen.[3]

Das konstante Kapital (*c*) wird in bezug auf die Zusammensetzung des gesellschaftlichen Gesamtprodukts durch die Positionen „Abschreibungen" (*cf*) und „Verbrauch für die lfd. Produktion" (*cz*) dargestellt.

Die Abschreibungen werden von den westdeutschen Statistikern nach einem angenommenen verbrauchsbedingten Prozentsatz geschätzt. Es handelt sich dabei um einen Erfahrungswert, der durchaus brauchbar ist, um den durch-

[2] Wir legen unseren Berechnungen soweit als möglich das Zahlenmaterial der Abschnitte „Volkswirtschaftliche Gesamtrechnungen" in den Statistischen Jahrbüchern für die Bundesrepublik zugrunde. Vgl. Statistisches Jahrbuch für die Bundesrepublik Deutschland (BRD), herausgegeben vom Statistischen Bundesamt, Wiesbaden, Verlag W. Kohlhammer GmbH., Stuttgart, 1961, S. 536ff. und 1962, S. 556ff. Wo andere Quellen herangezogen wurden, werden sie gesondert zitiert.

[3] Auf die Schwierigkeiten der statistischen Erfassung und Aufbereitung und die daraus herrührende Begrenzung der Aussagekraft der Kennziffern gehen wir hier nicht ein. Vgl. dazu „Wirtschaft und Statistik" (WiSta), W. Kohlhammer-Verlag, Stuttgart. 1957, Heft 3, S. 126ff.

KONJUNKTUR UND KRISE

Wissenschaftliches Bulletin des Instituts für Wirtschaftswissenschaften
bei der Deutschen Akademie der Wissenschaften zu Berlin

Statistische Beilage

16. Folge
(Beilage zu Heft 4/1963)

Beschäftigte und geleistete Arbeiterstunden in der Industrie

2. Vereinigte Staaten von Amerika (USA)

I. Beschäftigte Produktionsarbeiter in der verarbeitenden Industrie

und

II. Durchschnittliche Anzahl der wöchentlichen Arbeitsstunden

Zeichenerklärungen:

. Angaben liegen nicht vor
... Angaben lagen bei Redaktionsschluß noch nicht vor
— Null oder weniger als die Hälfte der verwendeten Einheit
——— Ein Trennungsstrich innerhalb der Zahlenreihe (horizontal in den Spalten, vertikal in den Zeilen) bezeichnet eine Unterbrechung der Kontinuität der Reihe. Vergleiche die jeweilige Anmerkung.
* Vorläufige Zahlen
( ) Geschätzte Zahlen

INHALTSVERZEICHNIS

VORBEMERKUNGEN

1. Die vom amerikanischen Department of Labour, Bureau of Labour Statistics, veröffentlichten und hier wiedergegebenen Zahlen über die Beschäftigung von Produktionsarbeitern in der verarbeitenden Industrie der USA (Anzahl der beschäftigten Produktionsarbeiter und durchschnittliche wöchentliche Arbeitsstundenzahl) schließen — soweit in Einzelfällen nicht anderes vermerkt worden ist — Alaska und Hawai bei den Monatszahlen seit Anfang 1959, bei den Jahresdurchschnitten seit 1960 ein.

2. Das Bureau of Labour Statistics hat Angaben über die durchschnittlichen Monatsanzahl der beschäftigten Produktionsarbeiter in zwei Reihen, nicht saisonbereinigt und saisonbereinigt, veröffentlicht. Die vorliegenden Tabellen enthalten die saisonbereinigten Zahlen.

Angaben über die Gesamtzahl der geleisteten Arbeiterstunden sind nicht veröffentlicht worden. Stattdessen hat das Bureau of Labour Statistics laufend die hier wiedergegebenen Angaben über die durchschnittliche Anzahl der wöchentlichen Arbeitsstunden der Produktionsarbeiter in den verarbeitenden Industrien in einer Reihe veröffentlicht, seit März 1962 mit dem Vermerk „saisonbereinigt", vordem ohne jeden Vermerk über vorgenommene oder unterlassene Saisonbereinigung.

3. Parallel laufend mit einer 1953 vorgenommenen grundlegenden Revision des Index der industriellen Produktion — die letzte vorhergehende umfassende Revision hatte 1940 stattgefunden, 1941 und 1943 zwei kleinere kriegsbedingte Revisionen — wurden im Jahre 1953 auch die statistischen Reihen der Anzahl der beschäftigten Produktionsarbeiter rückwirkend revidiert. In den hier zusammengestellten Tabellen sind ab März 1952 die revidierten Zahlen, vor diesem Zeitpunkt nicht revidierte Zahlen aufgeführt. Die Zahlen der verschiedenen Industriezweige sind in unterschiedlichem Maße von der Revision betroffen worden. Am auffälligsten treten die Veränderungen im Industriezweig „Ausrüstung und Zubehör" hervor.

4. Die angegebenen Daten betreffen Produktionsarbeiter und Produktionshilfsarbeiter (production and related workers), voll- oder teilbeschäftigt, die während des ganzen Monats gearbeitet oder Lohn erhalten haben oder Lohn für diejenige Lohnperiode empfangen haben, die dem Ende der Monatsmitte am nächsten lag.

Quellenangaben:

1. Für die Jahresdurchschnitte: Statistical Abstract of the United States, 1954 bis 1962.
2. Für die Monatszahlen: Federal Reserve Bulletin, Washington, 1950, 1951 und seit 1953 laufend.

Anzahl der beschäftigten Produktionsarbeiter (in Tsd.). Saisonbereinigt

1. Verarbeitende Industrie insgesamt

Jahr	Jahresdurchschnitt	J	F	M	A	M	J	J	A	S	O	N	D
1948	.	.	.	.	.	.	.	.	.	.	.	12660	12457
49	.	12232	12093	11924	11746	11535	11459	11378	11439	11557	11164	11167	11413
1950	12317	11506	11484	11574	11731	12048	12200	12358	12697	12783	12921	12915	12953
51	13155	13083	13214	13218	13249	13211	13204	13106	12954	12846	12775	12776	12803
52	13144	12816	12835	12980	13014	12942	12622	12442	12953	13216	13338	13513	13607
53	13850	13682	13757	13857	14088	14123	14143	14054	13946	13821	13680	13447	13251
54	12585	13063	12935	12840	12663	12590	12546	12337	12297	12346	12445	12573	12580
1955	13053	12586	12673	12798	12934	13056	13150	13122	13137	13132	13250	13379	13399
56	13196	13356	13263	13158	13251	13248	13178	12712	13137	13106	13278	13283	13297
57	12911	13238	13156	13109	13094	13073	13016	12967	12913	12777	12721	12590	12400
58	11658	12118	11818	11571	11438	11415	11484	11512	11530	11725	11551	11876	11884
59	12237	11941	11979	12149	12303	12481	12600	12612	12052	12154	12030	12169	12417
1960	12562	12536	12537	12462	12472	12476	12407	12321	12158	12176	12278	12133	11962
61	12046	11820	11755	11812	11910	12060	12145	12164	12156	12104	12129	12225	12257
62	...	12197	12300	12387	12541	12566	12581	12551	12432	12446	12416	12324	12311

2. Verarbeitende Industrie: Dauerhafte Erzeugnisse[1]

Jahr	Jahresdurchschnitt	J	F	M	A	M	J	J	A	S	O	N	D
1948	.	.	.	.	.	.	.	.	.	.	.	6808	6783
59	.	6626	6508	6392	6260	6092	6041	5978	5985	6047	5610	5674	5910
1950	6690	5994	5966	6042	6200	6493	6624	6713	6939	6996	7135	7155	7193
51	7466	7249	7352	7395	7449	7449	7440	7352	7294	7261	7238	7264	7261
52	7539	7256	7285	7452	7500	7463	7096	6871	7372	7616	7726	7862	7944
53	8167	8009	8089	8175	8344	8351	8364	8313	8240	8154	8062	7868	7748
54	7184	7621	7509	7405	7250	7182	7136	6979	6928	6957	7054	7159	7177
1955	7538	7191	7269	7350	7443	7540	7614	7607	7593	7598	7680	7781	7800
56	7659	7770	7681	7594	7675	7667	7628	7225	7616	7605	7749	7790	7790
57	7523	7753	7706	7662	7637	7621	7609	7565	7534	7400	7376	7276	7117
58	6507	6884	6642	6478	6338	6285	6344	6372	6377	6568	6385	6693	6708
59	6955	6754	6783	6914	7028	7162	7244	7275	6717	6837	6746	6873	7137
1960	7021	7244	7255	7179	7126	7106	7051	7000	6875	6937	6784	6680	6568
61	6615	6447	6377	6403	6491	6637	6682	6709	6699	6673	6676	6766	6797
62	...	6760	6846	6903	7000	7037	7035	7024	6925	6953	6933	6875	6880

[1] Zur Herstellung dauerhafter Erzeugnisse zählt die amerikanische Statistik die hier unter den laufenden Nummern 4 bis 13 und 24 aufgeführten Industriezweige.

3. Verarbeitende Industrie: Nichtdauerhafte Erzeugnisse[2]

Jahr	Jahresdurchschnitt	J	F	M	A	M	J	J	A	S	O	N	D
1948	.	.	.	.	.	.	.	.	.	.	.	5752	5674
49	.	5606	5585	5532	5486	5443	5418	5400	5454	5510	5554	5493	5503
1950	5627	5512	5518	5532	5531	5555	5576	5645	5758	5787	5786	5760	5760
51	5689	5834	5862	5823	5800	5762	5764	5754	5660	5585	5537	5512	5542
52	5604	5560	5550	5528	5514	5479	5526	5571	5581	5600	5612	5651	5663
53	5683	5673	5668	5682	5744	5772	5779	5741	5706	5667	5618	5579	5503
54	5404	5442	5426	5435	5413	5408	5410	5358	5369	5389	5391	5413	5403
1955	5515	5395	5404	5448	5491	5516	5536	5515	5544	5534	5570	5598	5599
56	5537	5586	5582	5564	5576	5581	5550	5487	5521	5501	5529	5493	5507
57	5388	5485	5450	5447	5457	5452	5407	5402	5379	5369	5345	5314	5283
58	5151	5234	5176	5093	5100	5130	5140	5140	5153	5157	5166	5183	5176
59	5282	5187	5196	5235	5275	5319	5356	5337	5335	5317	5284	5296	5280
1960	5341	5292	5282	5283	5346	5370	5356	5321	5283	5239	5494	5453	5394
61	5430	5373	5378	5409	5419	5423	5463	5455	5457	5431	5453	5459	5460
62	...	5437	5454	5484	5541	5529	5546	5527	5507	5493	5483	5449	5431

[2] Zur Herstellung nichtdauerhafter Erzeugnisse zählt die amerikanische Statistik die hier unter den laufenden Nummern 14 bis 23 aufgeführten Industriezweige.

4. Industrie der Steine und Erden, Keramische und Glasindustrie

Jahr	Jahresdurchschnitt	J	F	M	A	M	J	J	A	S	O	N	D
1948	.	.	.	.	.	.	.	.	.	.	.	455	449
49	.	438	431	423	416	416	407	406	410	412	409	409	408
1950	442	407	410	410	419	432	441	447	457	456	469	475	469
51	474,2	478	475	479	483	484	485	485	479	480	477	470	460
52	447,7	457	449	443	446	442	447	441	449	453	457	459	453
53	460,2	456	455	459	464	462	467	465	464	465	463	457	446
54	431,0	432	431	429	426	427	425	430	432	435	436	436	435
1955	462	434	438	442	448	459	467	468	470	475	474	475	474
56	470	480	473	474	478	473	475	471	470	462	469	465	465
57	456	465	456	453	455	456	461	451	458	458	453	449	440
58	418	430	414	405	402	405	415	426	426	432	416	422	422
59	449	422	419	435	444	454	464	469	463	462	451	452	452
1960	483	454	452	445	448	452	454	455	448	442	476	464	453
61	455	445	440	446	449	458	461	462	464	460	461	457	453
62	...	448	451	450	460	467	467	467	468	462	465	459	451

Durchschnittliche Anzahl der wöchentlichen Arbeitsstunden

Jahr	Jahres-durch-schnitt	Monate											
		J	F	M	A	M	J	J	A	S	O	N	D
1. Verarbeitende Industrie insgesamt													
1948	.	.	.	.	.	.	.	.	.	.	.	39,8	40,1
49	.	39,5	39,4	39,1	38,4	38,6	38,8	38,8	39,1	39,6	39,7	39,1	39,8
1950	40,5	39,7	39,7	39,7	39,7	39,9	40,5	40,5	41,2	41,0	41,3	41,2	41,4
51	40,7	41,0	40,9	41,1	41,0	40,7	40,8	40,2	40,4	41,6	40,4	40,5	41,2
52	40,7	40,8	40,7	40,6	39,8	40,2	40,5	39,9	40,5	41,2	41,4	41,1	41,7
53	40,5	41,0	40,9	41,1	40,8	40,7	40,7	40,3	40,5	39,9	40,3	40,0	40,2
54	39,7	39,4	39,6	39,5	39,0	39,3	39,5	39,4	39,7	39,7	39,9	40,2	40,5
1955	40,7	40,2	40,4	40,6	40,3	40,8	40,7	40,4	40,6	40,9	41,1	41,2	41,3
56	40,4	40,7	40,5	40,4	40,3	40,0	40,2	40,1	40,3	40,7	40,7	40,5	41,0
57	39,8	40,2	40,2	40,1	39,8	39,7	40,0	39,8	40,0	39,9	39,5	39,3	39,4
58	39,2	38,7	38,4	38,6	38,3	38,7	39,2	39,2	39,6	39,9	39,8	39,9	40,2
59	40,3	39,9	40,0	40,2	40,3	40,5	40,7	40,2	40,5	40,3	40,3	39,9	40,6
1960	39,7	40,3	39,8	39,7	39,3	39,9	40,0	39,8	39,8	39,6	39,7	39,3	38,7
61	39,8	38,9	39,3	39,3	39,7	39,8	39,9	40,0	40,0	39,6	40,2	40,6	40,4
62	...	39,8	40,3	40,5	40,8	40,6	40,5	40,5	40,2	40,5	40,1	40,4	40,3
2. Verarbeitende Industrie: Dauerhafte Erzeugnisse[1]													
1948	.	.	.	.	.	.	.	.	.	.	.	40,4	40,7
49	.	40,1	39,9	39,5	39,0	39,0	39,2	38,8	39,3	39,6	39,9	39,0	40,1
1950	41,2	40,0	40,1	40,2	40,7	40,8	41,3	41,1	41,8	41,7	42,1	41,9	42,2
51	41,6	41,6	41,5	41,9	42,0	41,7	41,8	41,0	41,4	41,6	41,6	41,5	42,2
52	41,5	41,8	41,7	41,6	40,8	41,1	41,2	40,2	41,0	41,9	42,2	41,9	42,6
53	41,3	41,8	41,7	41,9	41,7	41,5	41,4	40,8	41,1	40,6	41,0	40,6	40,8
54	40,2	40,1	40,2	40,0	39,7	39,9	40,0	39,7	40,1	40,1	40,4	40,8	41,1
1955	41,4	40,9	41,1	41,4	41,2	41,6	41,2	40,9	41,1	41,5	41,7	41,8	42,0
56	41,1	41,2	41,0	40,9	41,1	40,8	40,8	40,7	40,8	41,3	41,4	41,2	41,9
57	40,3	40,9	40,9	40,8	40,5	40,3	40,5	40,0	40,3	40,2	39,8	39,7	39,7
58	39,5	38,9	38,6	39,0	38,8	39,1	39,6	39,4	39,8	40,2	40,1	40,3	40,8
59	40,7	40,4	40,3	40,8	40,9	41,1	41,4	40,5	40,8	40,8	40,9	40,1	41,1
1960	40,1	41,0	40,4	40,3	39,9	40,4	40,4	39,9	40,0	39,9	40,2	39,6	39,1
61	40,2	39,3	39,6	39,7	40,0	40,2	40,4	40,5	40,5	39,8	40,6	41,2	41,2
62	...	40,3	40,9	41,0	41,3	41,1	41,0	41,0	40,9	41,0	40,7	41,1	41,1

[1] s. nebenstehende Seite

Jahr	Jahres-durch-schnitt	J	F	M	A	M	J	J	A	S	O	N	D
3. Verarbeitende Industrie: Nichtdauerhafte Erzeugnisse[2]													
1948	.	.	.	.	.	.	.	.	.	.	.	39,2	39,3
49	.	38,7	38,8	38,6	37,6	38,1	38,5	38,7	38,9	39,6	39,5	39,3	39,5
1950	39,7	39,4	39,3	39,2	38,5	38,9	39,5	39,8	40,5	40,1	40,3	40,3	40,5
51	39,5	40,3	40,0	40,1	39,6	39,3	39,5	39,3	39,1	39,4	38,8	39,2	39,9
52	39,6	39,5	39,5	39,2	38,4	38,9	39,5	39,4	39,9	40,3	40,3	40,1	40,5
53	39,5	39,8	39,8	40,0	39,5	39,5	39,7	39,6	39,6	39,0	39,3	39,1	39,3
54	39,0	38,5	38,8	38,8	38,1	38,5	38,9	39,0	39,2	39,3	39,2	39,5	39,8
1955	39,8	39,3	39,5	39,7	39,0	39,6	39,9	39,8	39,9	40,1	40,3	40,3	40,4
56	39,5	39,9	39,8	39,6	39,2	39,0	39,2	39,4	39,6	39,8	39,7	39,6	39,7
57	39,1	39,1	39,3	39,1	38,9	38,9	39,2	39,4	39,5	39,6	39,0	38,8	39,0
58	38,8	38,3	38,1	38,1	37,7	38,1	38,7	39,0	39,4	39,5	39,4	39,4	39,6
59	39,7	39,3	39,4	39,5	39,5	39,7	39,8	39,8	40,1	39,8	39,5	39,6	39,8
1960	39,2	39,4	39,0	38,8	38,6	39,3	39,5	39,6	39,5	39,1	39,1	38,9	38,2
61	39,3	38,5	38,8	39,1	39,3	39,3	39,5	39,5	39,3	39,2	39,6	39,7	39,7
62	...	39,2	39,5	39,9	40,2	40,1	40,0	39,8	39,4	39,7	39,3	39,4	39,6

[2] s. nebenstehende Seite

Jahr	Jahres-durch-schnitt	J	F	M	A	M	J	J	A	S	O	N	D
4. Industrie der Steine und Erden, Keramische und Glasindustrie													
1948	.	.	.	.	.	.	.	.	.	.	.	40,6	41,0
49	.	40,1	40,4	39,9	39,3	39,6	39,4	38,7	39,6	39,6	40,4	40,0	40,3
1950	41,2	39,8	40,0	40,1	40,4	40,8	41,1	40,9	41,6	41,5	42,5	42,1	42,1
51	41,5	41,5	41,3	41,9	42,0	41,7	41,8	41,3	41,2	41,3	41,3	40,9	41,2
52	41,2	40,6	41,0	41,1	40,6	41,1	41,1	40,3	41,2	41,4	42,1	41,3	41,8
53	40,9	40,6	41,0	41,3	41,1	41,2	41,0	40,8	41,1	40,4	41,2	40,6	40,7
54	40,6	39,7	40,4	40,4	40,2	40,4	40,5	40,3	40,7	40,7	41,2	41,2	41,1
1955	41,5	40,6	40,6	41,3	41,3	41,8	41,9	41,3	41,9	41,9	41,9	41,6	41,9
56	41,1	40,9	41,0	41,0	41,1	41,5	41,4	41,0	41,3	41,0	41,3	41,1	41,2
57	40,5	40,3	40,6	40,7	40,4	40,8	40,8	40,4	40,8	40,7	40,5	40,1	39,8
58	40,0	39,2	38,6	39,1	39,0	39,7	40,3	40,0	40,8	41,1	41,0	40,9	40,4
59	41,2	40,2	40,4	41,0	41,3	41,6	41,7	41,5	41,6	41,0	41,2	40,8	41,0
1960	40,6	40,4	40,2	39,9	40,3	40,9	41,0	40,8	41,0	40,5	41,1	40,8	39,3
61	40,6	39,6	40,2	40,4	40,3	40,4	40,9	41,1	41,0	41,0	40,8	40,8	40,5
62	...	39,5	40,6	40,9	41,1	41,2	41,0	41,1	41,2	41,3	41,0	40,9	40,5

Anzahl der beschäftigten Produktionsarbeiter (in Tsd.). Saisonbereinigt

5. Metallerzeugung

Jahr	Jahresdurchschnitt	J	F	M	A	M	J	J	A	S	O	N	D
1948	.	.	.	.	.	.	.	.	.	.	.	1094	1090
49	.	1085	1072	1057	1028	1001	976	948	937	938	556	739	946
1950	1036	958	973	977	1007	1036	1055	1070	1091	1105	1111	1120	1131
51	1033,1	1143	1147	1153	1161	1174	1178	1173	1171	1159	1148	1143	1152
52	1043,7	1156	1154	1116	1109	1116	684	653	1073	1109	1110	1120	1126
53	1131,5	1133	1136	1139	1151	1158	1159	1155	1144	1129	1112	1088	1069
54	990,6	1044	1022	1005	990	979	982	979	972	965	969	988	997
1955	1084	1008	1027	1052	1076	1088	1101	1095	1103	1118	1118	1133	1135
56	1096	1135	1132	1124	1136	1124	1119	755	1096	1128	1134	1134	1129
57	1082	1127	1118	1106	1101	1098	1095	1089	1085	1063	1051	1030	1001
58	891	953	908	881	849	844	859	861	868	897	899	930	938
59	916	947	974	1010	1037	1057	1067	1048	631	611	602	975	1034
1960	992	1043	1047	1038	1020	998	970	933	915	905	916	891	878
61	914	864	858	859	876	911	924	944	944	950	943	944	958
62	...	966	983	989	995	972	934	920	910	906	892	885	898

6. Metallverarbeitung[1]

Jahr	Jahresdurchschnitt	J	F	M	A	M	J	J	A	S	O	N	D
1948	.	.	.	.	.	.	.	.	.	.	.	812	789
49	.	759	745	722	702	690	686	688	698	708	674	663	678
1950	810	686	691	702	718	749	777	793	826	837	846	846	839
51	874,0	839	844	850	855	859	852	843	828	811	804	801	794
52	847,5	796	799	840	843	843	818	792	834	862	884	899	908
53	932,1	922	933	943	945	954	963	963	952	939	919	898	866
54	837,5	865	855	844	834	836	839	834	828	821	825	840	835
1955	893	826	836	851	864	896	904	906	902	912	917	923	919
56	888	904	890	884	895	886	875	848	873	885	905	902	899
57	893	895	893	889	889	887	897	902	894	884	893	886	866
58	796	832	798	779	766	760	777	789	796	822	787	819	816
59	832	812	809	821	840	857	870	873	823	841	808	792	833
1960	869	849	854	846	837	841	844	842	827	835	851	832	817
61	820	799	786	786	802	828	828	824	838	833	831	838	841
62	...	834	839	849	864	873	871	868	858	866	854	847	849

[1] Ohne „Ausrüstung und Zubehör", nichtelektrischen und elektrischen Maschinenbau und Transportmittelindustrie.

7. Maschinenbau (ohne elektrische Maschinen)

Jahr	Jahresdurchschnitt	J	F	M	A	M	J	J	A	S	O	N	D
1948	.	.	.	.	.	.	.	.	.	.	.	1193	1173
49	.	1149	1127	1102	1061	1009	972	948	936	940	927	913	924
1950	1043	937	955	971	998	1017	1028	1042	1071	1055	1110	1139	1157
51	1248,3	1192	1209	1219	1233	1236	1246	1247	1223	1225	1249	1261	1263
52	1279,9	1276	1275	1282	1292	1280	1271	1230	1205	1214	1233	1266	1295
53	1301,5	1313	1316	1322	1341	1328	1323	1308	1301	1294	1280	1253	1226
54	1147,8	1212	1202	1184	1174	1158	1143	1122	1123	1125	1115	1103	1095
1955	1178	1093	1108	1127	1147	1173	1181	1189	1196	1192	1231	1237	1244
56	1268	1249	1255	1262	1273	1267	1261	1266	1282	1286	1281	1275	1271
57	1256	1274	1275	1272	1258	1243	1261	1262	1247	1254	1229	1191	1153
58	1039	1123	1093	1074	1054	1019	1004	1005	1002	1033	1026	1030	1033
59	1134	1047	1074	1097	1109	1142	1155	1166	1167	1197	1170	1147	1160
1960	1030	1167	1173	1168	1159	1148	1143	1147	1141	1132	996	991	975
61	965	963	958	953	959	962	959	966	967	965	971	974	980
62	...	977	984	998	1012	1018	1027	1029	1034	1026	1035	1031	1021

8. Elektrische Maschinen und Geräte

Jahr	Jahresdurchschnitt	J	F	M	A	M	J	J	A	S	O	N	D
1948	.	.	.	.	.	.	.	.	.	.	.	640	633
49	.	617	601	579	560	543	521	521	517	534	543	538	548
1950	670	555	567	574	595	612	618	639	672	676	703	710	710
51	769,2	704	907	717	718	714	708	705	713	713	711	707	712
52	817,4	718	720	783	781	784	783	782	798	824	843	859	875
53	930,4	890	907	916	952	956	946	951	951	941	924	900	866
54	794,6	847	831	819	796	784	769	778	782	785	792	799	793
1955	823	792	795	795	804	811	819	827	839	845	871	853	851
56	871	846	841	834	874	875	871	880	891	886	899	900	882
57	858	875	868	860	853	856	861	877	878	878	859	838	809
58	750	785	759	742	729	722	723	738	749	762	739	776	774
59	840	783	788	790	803	822	841	866	867	888	884	869	875
1960	987	883	881	870	860	864	868	881	879	877	942	951	935
61	964	937	939	944	950	967	968	968	972	957	983	983	995
62	...	998	1013	1025	1040	1051	1058	1057	1045	1032	1047	1029	1034

Durchschnittliche Anzahl der wöchentlichen Arbeitsstunden

5. Metallerzeugung

Jahr	Jahres-durch-schnitt	J	F	M	A	M	J	J	A	S	O	N	D
1948	.	.	.	.	.	.	.	.	.	.	.	40,3	40,3
49	.	40,0	39,8	39,0	38,4	38,0	37,6	36,9	37,6	37,6	37,5	36,4	39,4
1950	40,8	39,5	39,6	38,9	40,4	40,5	40,8	40,7	41,1	41,4	41,9	41,8	42,4
51	41,5	41,8	41,1	41,7	42,0	41,7	41,8	41,3	41,3	41,2	41,3	41,2	42,2
52	40,7	41,5	41,2	41,4	38,9	39,1	40,0	39,4	40,4	41,1	41,3	41,4	41,8
53	40,9	41,7	41,4	41,7	41,2	41,3	41,3	40,9	41,0	40,2	40,3	39,8	39,8
54	38,7	39,3	38,6	38,0	38,0	38,4	38,8	38,3	38,4	38,5	38,9	39,5	40,0
1955	41,2	40,4	40,6	40,9	41,2	41,6	41,5	40,5	40,5	41,8	41,6	41,6	41,9
56	40,9	41,9	41,1	41,0	41,2	41,0	40,9	40,3	39,7	41,2	40,8	40,6	41,2
57	39,5	41,0	40,3	40,1	39,8	39,6	40,2	39,7	39,3	39,4	38,5	38,2	38,1
58	38,1	37,2	36,8	37,1	36,9	37,3	38,3	38,4	38,5	39,1	38,9	38,3	39,8
59	40,5	40,0	40,4	40,9	41,2	41,4	41,7	38,5	39,7	40,0	39,9	38,8	41,1
1960	39,0	41,1	40,3	40,1	39,4	38,9	38,9	38,7	38,1	38,0	37,9	37,4	37,2
61	39,5	37,7	38,0	38,1	38,9	39,5	39,7	40,5	40,2	40,1	40,5	40,6	40,6
62	...	40,6	40,9	40,9	40,9	39,9	39,6	39,6	39,7	39,9	39,7	40,1	40,2

6. Metallverarbeitung[1]

Jahr	Jahres-durch-schnitt	J	F	M	A	M	J	J	A	S	O	N	D
1948	.	.	.	.	.	.	.	.	.	.	.	40,7	41,0
49	.	40,1	39,7	39,5	38,7	39,0	39,2	39,3	39,6	40,2	40,1	39,2	40,5
1950	41,4	40,3	40,3	40,3	40,7	40,7	41,5	41,1	41,1	42,1	42,3	41,9	42,4
51	41,7	41,5	41,8	42,1	42,0	41,8	42,0	41,0	41,4	41,9	41,9	41,4	42,3
52	41,6	41,8	41,8	41,6	40,7	41,2	40,8	39,8	40,8	42,1	42,5	42,4	43,3
53	41,7	42,4	42,2	42,4	42,3	42,1	42,0	41,3	41,4	40,7	41,3	41,0	41,5
54	40,7	40,7	40,6	40,4	40,1	40,7	40,7	40,0	40,5	40,7	40,9	41,2	41,6
1955	41,6	41,1	41,2	41,4	41,2	41,7	41,3	41,3	41,6	41,8	42,2	41,9	41,9
56	41,2	40,9	41,1	41,0	41,1	40,7	41,0	40,7	40,7	41,6	41,8	41,3	42,1
57	40,8	40,8	41,0	41,0	40,9	40,9	41,1	40,7	40,9	41,4	40,7	40,5	40,2
58	40,0	39,3	38,9	39,2	38,9	39,4	40,0	40,0	40,4	41,0	40,8	40,8	41,2
59	40,9	40,5	40,4	40,8	41,1	41,5	41,9	41,0	41,6	41,7	41,0	40,1	40,4
1960	40,5	41,2	40,5	40,5	39,9	40,8	40,9	40,5	41,0	40,7	40,6	40,0	39,3
61	40,5	39,5	39,8	40,0	40,5	40,5	40,7	40,9	40,8	39,6	40,9	41,5	40,9
62	...	40,5	41,1	41,3	41,5	41,3	41,4	41,1	41,0	41,0	41,1	41,3	40,8

[1] s. nebenstehende Seite

7. Maschinenbau (ohne elektrische Maschinen)

Jahr	Jahres-durch-schnitt	J	F	M	A	M	J	J	A	S	O	N	D
1948	.	.	.	.	.	.	.	.	.	.	.	40,8	41,1
49	.	40,5	40,4	39,9	39,1	39,2	39,2	39,0	39,1	39,3	39,2	38,5	39,7
1950	41,8	39,8	40,3	40,6	41,0	41,3	41,5	41,6	42,3	42,4	42,9	43,1	43,7
51	43,4	43,4	43,5	43,7	43,9	43,6	43,5	42,9	43,1	43,3	43,1	43,2	44,1
52	42,9	43,9	43,6	43,4	42,7	42,8	42,6	41,5	42,0	42,7	42,7	42,6	43,7
53	42,3	43,0	42,8	43,1	42,9	42,6	42,3	41,7	41,9	41,7	42,0	41,6	42,0
54	40,6	41,2	41,3	41,1	40,5	40,6	40,5	40,1	40,2	40,3	40,2	40,4	40,9
1955	41,8	40,8	41,0	41,4	41,6	42,1	42,1	41,5	41,6	42,1	42,3	42,4	43,2
56	42,2	42,7	42,6	42,4	42,5	42,2	42,1	41,8	41,7	42,3	42,1	41,7	42,6
57	41,0	41,9	41,9	41,8	41,4	41,1	41,1	40,7	40,5	40,7	40,2	39,7	40,3
58	39,6	39,7	39,2	39,5	39,3	39,4	39,6	39,4	39,4	40,0	39,5	39,9	40,6
59	41,5	40,7	40,9	41,3	41,4	41,6	41,9	41,3	41,1	41,1	41,2	40,8	41,7
1960	41,0	41,3	41,0	41,2	40,8	41,3	41,2	40,9	40,5	40,3	40,7	40,3	40,1
61	40,9	40,4	40,6	40,2	40,7	40,7	40,8	41,0	41,1	41,1	41,4	41,6	41,8
62	...	41,3	41,7	41,7	42,0	41,9	41,8	41,8	41,9	41,7	41,5	41,7	41,6

8. Elektrische Maschinen und Geräte

Jahr	Jahres-durch-schnitt	J	F	M	A	M	J	J	A	S	O	N	D
1948	.	.	.	.	.	.	.	.	.	.	.	40,3	40,4
49	.	39,7	39,6	39,1	38,5	38,8	39,0	38,7	39,1	40,0	40,4	40,0	40,6
1950	41,1	40,5	40,4	40,5	40,6	40,8	40,4	40,6	41,0	41,4	42,1	41,9	42,0
51	41,3	41,4	41,5	41,4	41,5	41,5	41,6	40,3	40,9	41,6	41,7	41,8	42,0
52	41,2	41,9	41,6	41,3	40,5	40,5	40,7	39,7	40,7	41,6	41,7	41,6	42,5
53	40,8	41,7	41,2	41,5	41,3	40,8	40,8	40,1	40,7	40,5	40,4	40,3	40,2
54	39,8	39,3	39,9	39,6	39,2	39,5	39,6	39,3	39,8	40,1	40,4	40,7	40,5
1955	40,7	40,3	40,4	40,5	40,6	40,8	40,6	39,8	40,5	40,5	41,6	41,6	41,5
56	40,8	40,9	40,6	40,7	41,0	40,7	40,6	40,1	40,5	41,1	41,2	41,0	41,2
57	40,1	40,4	40,6	40,5	40,3	40,1	40,4	39,7	40,2	40,2	39,4	39,5	39,6
58	39,6	39,1	39,0	39,1	39,0	39,1	39,6	39,3	39,7	40,4	39,9	40,6	40,6
59	40,5	40,4	40,2	40,3	40,2	40,5	40,8	40,1	40,5	40,7	40,8	40,5	41,0
1960	39,8	40,7	39,9	40,1	39,2	39,9	40,1	39,3	39,9	40,1	40,3	39,8	39,1
61	40,1	39,8	39,9	39,9	40,2	39,9	40,1	40,1	40,4	39,4	40,5	40,7	40,6
62	...	40,3	40,5	40,7	41,1	40,7	40,7	40,7	40,5	40,6	40,5	40,5	40,3

Anzahl der beschäftigten Produktionsarbeiter (in Tsd.). Saisonbereinigt

9. Transportmittelbau[1]

Jahr	Jahres-durch-schnitt	Monate J	F	M	A	M	J	J	A	S	O	N	D
1948	.	.	.	.	.	.	.	.	.	.	.	1046	1042
49	.	1038	1021	1017	1009	958	998	1014	1012	1017	986	898	896
1950	1036	978	872	978	899	1045	1078	1070	1118	1134	1157	1139	1160
51	1220,4	1175	1233	1253	1243	1233	1237	1187	1197	1210	1193	1234	1235
52	1334,2	1235	1251	1276	1300	1322	1340	1190	1221	1355	1411	1450	1484
53	1543,6	1509	1543	1574	1601	1580	1573	1559	1547	1520	1507	1449	1487
54	1334,9	1470	1435	1409	1384	1346	1328	1279	1238	1183	1249	1334	1375
1955	1399	1400	1426	1447	1462	1426	1416	1388	1348	1324	1344	1446	1471
56	1358	1449	1392	1354	1332	1324	1299	1280	1266	1236	1354	1438	1478
57	1384	1481	1482	1474	1446	1435	1404	1364	1352	1269	1216	1337	1330
58	1124	1267	1207	1153	1103	1081	1084	1063	1034	1100	992	1199	1208
59	1190	1216	1203	1226	1229	1233	1224	1207	1132	1200	1208	1026	1172
1960	1133	1239	1245	1221	1187	1174	1127	1105	1036	1135	1113	1081	1066
61	1037	1006	971	983	1010	1052	1072	1073	1039	1037	1011	1084	1087
62	...	1067	1089	1100	1122	1142	1161	1164	1090	1160	1139	1119	1131

[1] Kraft- und Luftfahrzeugbau, Bau und Reparatur von Schiffen und Booten sowie Eisenbahnmaterial und sonstige Transportmittel.

10. Instrumentenbau und verwandte Zweige[2]

Jahr	Jahres-durch-schnitt	J	F	M	A	M	J	J	A	S	O	N	D
1948	.	.	.	.	.	.	.	.	.	.	.	196	192
49	.	190	184	182	181	178	178	176	170	172	173	173	171
1950	184	171	170	170	173	176	180	184	189	199	204	208	209
51	216,6	210	214	216	200	222	223	229	225	224	226	229	230
52	227,5	231	232	224	225	223	223	226	228	230	233	236	238
53	242,3	240	240	243	243	244	245	247	242	242	241	242	239
54	223,3	236	232	228	227	225	220	218	216	218	217	217	216
1955	225	216	215	218	217	216	226	228	228	227	229	229	229
56	230	229	231	229	230	229	230	231	235	233	233	234	231
57	226	230	230	229	229	227	226	226	229	226	223	222	218
58	205	214	211	206	203	201	200	200	202	205	206	208	208
59	222	208	231	214	215	220	225	226	227	231	231	231	230
1960	232	230	231	229	229	229	229	228	229	225	226	224	222
61	221	220	217	217	218	221	222	223	225	224	223	226	225
62	...	224	225	227	227	230	231	231	231	228	228	228	228

[2] Feinmechanische, optische und Uhrenindustrie, wissenschaftliche und medizinische Instrumente, Meßgeräte, Kontrollapparate usw.

11. Holz bearbeitende und verarbeitende Industrie[3]

Jahr	Jahres-durch-schnitt	J	F	M	A	M	J	J	A	S	O	N	D
1948	.	.	.	.	.	.	.	.	.	.	.	754	724
49	.	677	668	666	666	672	679	669	669	671	679	685	685
1950	743	655	669	687	703	723	734	750	764	775	773	765	758
51	769,1	754	755	733	763	764	765	748	733	728	727	712	699
52	719,1	667	685	706	714	653	718	744	740	736	717	723	708
53	705,3	690	694	698	718	721	733	713	703	697	699	685	667
54	639,3	653	657	663	633	651	658	572	569	649	678	675	674
1955	675	668	669	654	658	671	693	696	692	691	684	675	667
56	672	672	665	638	658	680	689	689	690	676	664	645	641
57	588	629	617	611	628	635	606	601	588	579	573	562	560
58	557	557	541	531	533	539	558	561	559	570	577	570	577
59	591	579	562	569	583	591	603	615	604	599	594	590	596
1960	570	594	587	573	584	590	596	594	584	578	551	524	529
61	535	530	523	528	533	535	540	538	538	539	536	538	537
62	...	535	547	546	547	544	546	543	545	541	539	543	541

[3] Ohne Möbelindustrie.

12. Möbelindustrie und verwandte Zweige

Jahr	Jahres-durch-schnitt	J	F	M	A	M	J	J	A	S	O	N	D
1948	.	.	.	.	.	.	.	.	.	.	.	300	293
49	.	281	275	271	269	264	261	261	266	276	278	276	283
1950	321	285	291	298	305	311	312	316	324	325	323	319	320
51	310,8	316	318	323	319	309	295	296	288	284	283	287	290
52	309,3	292	290	302	302	304	307	308	312	314	316	321	324
53	319,0	324	325	330	330	330	327	327	320	313	307	300	295
54	290,5	289	286	287	286	286	286	286	294	297	295	294	291
1955	309	289	290	295	298	308	312	214	321	321	321	319	319
56	319	317	316	315	317	321	322	319	323	322	319	312	314
57	314	307	307	309	314	316	323	323	324	319	313	306	303
58	297	295	289	287	284	291	296	298	306	308	307	304	303
59	321	308	309	313	319	326	331	333	329	327	323	319	322
1960	319	322	322	324	329	332	337	334	332	326	312	308	300
61	304	294	295	297	302	303	305	307	309	306	308	310	312
62	...	308	311	314	318	321	321	320	320	315	315	317	317

Durchschnittliche Anzahl der wöchentlichen Arbeitsstunden

9. Transportmittelbau[1]

Jahr	Jahresdurchschnitt	J	F	M	A	M	J	J	A	S	O	N	D
1948	.	.	.	.	.	.	.	.	.	.	.	39,0	40,1
49	.	39,9	39,8	38,6	38,7	38,2	39,5	39,9	39,7	40,1	39,1	37,3	38,9
1950	41,0	40,5	39,7	40,2	41,3	41,0	42,0	41,5	42,0	40,9	41,0	40,6	41,4
51	40,9	40,1	40,5	41,1	40,8	40,9	40,4	40,0	40,8	41,2	40,8	40,7	41,7
52	41,4	41,5	41,4	41,4	40,7	41,2	40,8	39,4	40,3	42,2	42,6	41,9	42,6
53	41,2	41,9	41,8	41,7	41,6	41,3	41,1	40,8	41,2	40,3	40,9	40,4	40,7
54	40,5	40,5	40,2	40,1	40,2	40,6	39,9	39,8	40,2	40,0	40,4	41,8	42,5
1955	41,9	42,1	42,4	42,7	42,1	42,6	40,3	41,7	41,1	41,2	41,5	42,7	41,9
56	41,0	40,6	39,9	40,4	40,6	39,6	39,9	40,8	40,1	41,3	41,8	42,2	43,6
57	40,4	41,7	41,5	41,1	40,6	39,9	40,8	39,6	40,1	39,7	39,5	40,6	40,2
58	39,8	38,8	38,6	39,4	39,3	39,7	39,8	39,6	40,0	39,6	40,0	40,6	41,7
59	40,7	40,7	40,3	40,7	41,0	40,9	41,0	40,8	40,2	40,0	40,6	39,2	40,7
1960	40,7	42,0	40,8	40,6	39,7	40,9	40,5	40,2	39,6	40,2	41,2	40,4	40,0
61	40,4	39,2	39,6	39,8	40,5	40,6	40,6	40,7	40,6	38,0	40,9	42,7	42,2
62	...	40,8	41,2	41,5	42,1	42,2	41,9	42,1	41,5	42,4	42,2	42,9	42,3

[1] s. nebenstehende Seite

10. Instrumentenbau und verwandte Zweige[2]

Jahr	Jahresdurchschnitt	J	F	M	A	M	J	J	A	S	O	N	D
1948	.	.	.	.	.	.	.	.	.	.	.	39,9	40,0
49	.	40,0	39,8	39,7	39,3	39,5	39,2	39,0	39,0	39,5	39,8	40,0	40,0
1950	41,2	39,7	39,9	40,0	40,0	40,4	40,7	40,9	41,7	42,5	42,5	42,4	42,3
51	42,1	41,7	42,2	42,3	42,4	42,2	42,1	42,1	42,0	42,4	42,4	42,5	42,6
52	41,9	42,1	41,7	41,7	41,4	41,7	41,5	40,7	41,4	42,2	42,4	42,5	43,1
53	41,4	41,8	41,7	41,9	41,2	41,6	41,5	40,6	41,1	41,2	41,4	41,3	41,3
54	40,0	39,9	40,4	40,2	39,6	39,6	39,8	39,5	39,5	39,9	40,1	40,3	40,5
1955	40,8	40,2	40,5	40,5	40,3	40,6	40,8	40,2	40,6	41,2	41,4	41,5	41,4
56	40,8	40,8	41,0	40,8	41,1	40,9	40,6	40,5	40,7	41,1	41,0	40,8	41,0
57	40,3	40,7	41,0	40,7	40,6	40,2	40,5	40,1	40,0	40,4	39,9	40,0	39,8
58	39,9	39,6	39,3	39,4	39,5	39,2	39,8	39,7	39,8	40,3	40,4	40,7	40,9
59	40,8	40,7	40,5	40,5	40,8	40,7	41,2	41,0	41,0	41,0	41,1	41,0	41,3
1960	40,4	40,6	40,2	40,8	40,1	40,5	40,7	40,4	40,5	40,1	40,6	40,6	39,2
61	40,7	40,3	40,4	40,3	40,5	40,6	40,7	40,5	40,9	40,9	40,9	41,0	41,3
62	...	40,8	40,7	40,6	41,2	41,1	41,1	40,8	41,0	40,8	40,7	40,9	41,2

[2] s. nebenstehende Seite

11. Holz bearbeitende und verarbeitende Industrie[3]

Jahr	Jahresdurchschnitt	J	F	M	A	M	J	J	A	S	O	N	D
1948	.	.	.	.	.	.	.	.	.	.	.	41,2	41,0
49	.	40,7	39,5	40,3	40,5	41,1	40,7	39,4	40,7	40,7	41,7	41,0	41,3
1950	41,0	39,2	39,8	40,4	40,7	40,7	41,6	41,1	42,0	41,2	41,9	41,3	40,9
51	40,8	40,9	40,3	40,6	41,9	41,2	41,9	39,8	40,8	40,4	41,2	40,6	40,8
52	41,2	40,1	40,6	40,3	40,6	41,0	42,3	40,9	42,0	41,5	41,9	41,2	41,7
53	40,7	40,7	41,0	40,9	40,9	40,8	41,4	40,7	40,8	40,1	40,8	40,0	40,2
54	40,6	39,4	40,1	40,0	40,2	39,9	40,9	40,8	41,5	40,6	41,5	41,1	40,8
1955	41,0	40,7	40,8	40,8	40,4	41,0	41,8	40,5	41,5	41,0	41,1	40,4	41,0
56	40,3	40,2	40,0	39,6	39,9	40,1	40,5	40,2	41,5	40,9	40,8	40,0	39,8
57	39,8	39,1	39,6	39,7	40,0	40,2	40,7	39,5	41,1	38,9	40,2	39,1	39,0
58	39,9	38,5	38,7	38,9	38,8	39,6	40,5	39,3	40,7	41,3	41,1	40,2	4,03
59	39,7	39,6	39,5	40,7	40,7	41,1	41,3	40,5	41,1	40,7	40,8	40,1	40,2
1960	39,0	39,3	39,4	38,8	39,9	40,1	40,5	39,3	39,6	39,9	39,4	38,2	37,6
61	39,4	38,5	39,2	38,9	39,0	39,5	39,7	39,5	39,6	39,5	39,9	39,6	39,4
62	...	38,1	40,1	39,3	39,7	40,2	39,6	40,4	40,3	40,2	39,4	39,7	39,7

[3] s. nebenstehende Seite

12. Möbelindustrie und verwandte Zweige

Jahr	Jahresdurchschnitt	J	F	M	A	M	J	J	A	S	O	N	D
1948	.	.	.	.	.	.	.	.	.	.	.	40,7	41,2
49	.	39,4	39,8	39,6	38,7	38,5	39,0	38,6	40,4	41,0	41,7	41,2	42,2
1950	41,9	41,1	41,7	41,7	41,3	41,2	41,8	41,0	42,8	42,6	42,6	42,6	42,2
51	41,2	41,9	42,1	42,4	41,0	40,5	40,5	39,3	40,7	41,2	41,8	41,1	42,0
52	41,5	41,5	41,5	41,2	40,5	40,8	40,9	40,4	41,4	42,1	42,5	42,1	42,8
53	41,0	41,4	41,5	41,6	41,3	41,0	41,0	39,9	40,9	40,5	41,1	40,7	40,7
54	40,1	39,6	40,1	40,1	39,1	38,8	39,6	39,4	40,6	40,8	41,2	40,9	41,4
1955	41,4	40,5	41.3	41,3	40,3	40,7	41,6	40,6	42,0	42,3	42,4	42,0	42,3
56	40,8	40,8	41,1	41,0	40,2	39,8	40,3	40,2	41,1	41,3	41,6	40,5	41,3
57	40,0	39,8	40,2	40,2	39,7	39,2	39,7	39,3	40,7	40,9	40,7	39,7	39,9
58	39,5	38,5	38,4	38,6	38,0	37,8	38,8	38,9	40,5	41,0	41,0	40,8	41,2
59	40,7	40,3	40,4	40,4	40,0	40,2	40,8	40,8	41,7	41,3	41,8	41,1	41,8
1960	40,0	40,3	40,3	39,1	39,9	40,1	40,2	40,0	40,8	40,5	40,3	39.5	39,7
61	39,9	38,2	38,9	39,0	39,5	39,6	40,1	40,1	40,1	40,4	40,3	41,0	40,8
62	...	39,4	40,6	40,9	41,5	41,3	41,3	40,6	40,5	40,8	40,5	40,6	40,4

Anzahl der beschäftigten Produktionsarbeiter (in Tsd.). Saisonbereinigt

Jahr	Jahres-durch-schnitt	Monate											
		J	F	M	A	M	J	J	A	S	O	N	D
13. Ausrüstung und Zubehör[1]													
1948	.	.	.	.	.	.	.	.	.	.	.	24	24
49	.	24	23	23	23	21	21	19	18	18	18	17	17
1950	24	17	17	18	18	19	19	19	20	22	22	23	24
51	61,5	25	27	29	30	32	34	38	40	42	44	50	52
52	135,0	54	55	119	123	126	127	126	129	132	132	134	137
53	186,3	139	142	147	184	191	194	199	194	194	193	187	184
54	115,5	177	165	150	122	112	107	104	101	102	100	98	97
1955	94	96	94	94	91	95	94	94	93	91	89	89	87
56	83	87	86	84	84	83	83	82	80	82	82	82	83
57	77	81	79	79	78	77	78	76	77	75	72	70	69
58	68	68	67	68	69	68	68	67	67	68	67	71	73
59	73	73	72	73	73	73	73	72	71	74	73	73	74
1960	89	74	75	75	74	73	72	72	72	74	90	91	91
61	94	91	91	92	91	93	93	95	95	97	99	98	97
62	...	96	96	96	98	98	97	100	103	101	102	101	100

[1] „Ordnance and accessories"

Jahr	Jahres-durch-schnitt	J	F	M	A	M	J	J	A	S	O	N	D
14. Chemische Industrie (ohne Erdöl- und Kohleverarbeitung)													
1948	.	.	.	.	.	.	.	.	.	.	.	521	518
49	.	511	505	503	493	481	473	467	470	476	478	475	475
1950	494	475	478	480	490	492	497	499	501	503	513	511	514
51	535,8	521	524	531	538	539	544	548	541	539	540	531	527
52	536,9	531	530	521	521	518	518	519	513	509	508	508	508
53	551,4	511	511	518	562	564	567	557	558	552	547	543	537
54	531,7	540	533	531	532	534	529	528	528	526	529	528	531
1955	546	534	532	540	546	552	551	552	549	548	550	552	553
56	552	553	555	558	563	559	557	550	553	545	545	543	544
57	545	546	545	542	544	547	550	548	546	539	537	534	530
58	512	530	522	511	514	513	508	506	512	508	512	511	511
59	531	512	515	519	530	535	535	538	540	537	535	536	534
1960	511	533	534	533	546	550	548	548	546	534	505	503	501
61	506	499	497	499	500	505	510	513	510	507	509	511	513
62	...	512	515	515	518	521	523	528	524	521	519	520	517
15. Erdöl- und Kohleverarbeitung													
1948	.	.	.	.	.	.	.	.	.	.	.	192	191
49	.	190	191	190	191	188	187	185	185	186	185	187	186
1950	180	186	185	185	178	178	180	180	189	186	190	190	192
51	188,2	192	193	195	196	195	197	196	194	194	199	196	197
52	182,6	195	195	185	188	158	176	175	187	187	189	188	188
53	186,5	188	188	188	189	188	188	188	187	185	185	184	182
54	177,1	180	180	179	178	180	180	179	175	174	175	173	173
1955	174	171	172	174	175	174	174	175	175	173	173	173	173
56	174	174	173	174	173	171	172	167	175	175	176	177	176
57	168	176	176	175	175	173	167	166	167	167	167	167	165
58	157	164	161	158	159	157	156	154	154	156	153	157	157
59	155	157	152	162	161	158	158	155	148	151	151	155	157
1960	138	157	157	156	156	154	154	150	151	150	137	135	134
61	131	133	131	131	132	132	132	130	134	131	132	126	125
62	...	129	129	129	129	129	128	128	127	121	121	120	120
16. Gummi- und Kunststoffverarbeitung[2]													
1948	.	.	.	.	.	.	.	.	.	.	.	205	202
49	.	199	196	193	190	188	184	182	182	167	185	182	183
1950	198	185	187	188	191	197	202	206	210	215	217	218	218
51	212,8	220	221	219	219	223	223	224	221	218	210	215	215
52	211,7	216	214	208	207	208	209	201	205	208	211	213	215
53	220,8	217	218	221	227	228	229	226	223	221	214	207	206
54	194,7	204	202	199	193	195	197	176	177	196	200	199	204
1955	216	207	208	212	212	215	217	221	217	220	222	225	226
56	211	228	224	221	222	212	203	209	208	209	213	191	212
57	206	214	212	211	194	205	197	206	206	206	208	206	204
58	186	199	190	184	179	173	176	180	183	187	193	192	194
59	199	197	198	202	179	173	196	209	206	211	210	206	204
1960	289	206	208	208	204	199	198	198	198	197	279	275	271
61	280	267	266	267	271	279	286	287	287	287	285	288	290
62	...	290	295	297	297	304	312	307	306	304	301	300	300

[2] Bis 1958 einschließlich ohne, ab 1959 mit Kunststoffverarbeitung.

Durchschnittliche Anzahl der wöchentlichen Arbeitsstunden

13. Ausrüstung und Zubehör[1]

Jahr	Jahresdurchschnitt	Monate J	F	M	A	M	J	J	A	S	O	N	D
1948	.	.	.	.	.	.	.	.	.	.	.	41,9	41,4
49	.	40,9	41,3	39,6	36,7	40,3	39,7	40,3	39,7	40,3	40,3	40,2	40,7
1950	41,8	40,2	40,4	40,6	40,6	40,7	40,7	42,6	42,6	43,1	43,2	43,4	42,5
51	43,6	41,7	42,8	42,8	42,8	42,9	43,0	43,1	43,2	44,1	43,8	43,9	45,1
52	42,8	44,4	44,7	44,3	43,4	43,7	43,5	42,3	41,0	42,7	42,3	41,0	41,7
53	41,0	41,0	41,6	41,2	40,7	41,4	41,3	41,2	40,9	41,0	40,9	39,9	40,9
54	40,2	40,0	40,0	40,2	39,7	40,0	40,1	40,1	40,1	40,1	40,5	40,7	40,7
1955	40,7	40,0	40,5	40,6	40,6	40,8	40,9	40,3	40,4	41,0	41,0	41,3	41,3
56	41,8	41,3	41,6	41,3	41,8	41,8	41,6	41,7	41,2	42,1	42,3	42,0	42,6
57	40,8	42,0	42,0	41,6	41,4	40,7	40,7	40,0	40,1	40,1	39,9	40,0	40,8
58	40,9	41,3	40,6	40,7	40,7	40,6	40,7	40,7	40,6	41,2	41,2	41,1	41,9
59	41,2	41,5	41,1	41,3	41,0	41,5	41,2	41,2	40,7	41,1	41,3	41,3	41,8
1960	40,7	41,3	41,1	41,5	40,8	41,3	40,8	40,0	40,0	40,5	40,6	40,7	40,1
61	40,9	40,8	40,4	40,7	40,7	40,4	40,7	40,4	41,1	40,9	41,3	41,5	41,3
62	...	40,6	41,3	41,5	41,8	41,3	41,5	40,9	41,4	41,2	41,1	41,4	41,6

[1] s. nebenstehende Seite

14. Chemische Industrie (ohne Erdöl- und Kohleverarbeitung)

Jahr	Jahresdurchschnitt	Monate J	F	M	A	M	J	J	A	S	O	N	D
1948	.	.	.	.	.	.	.	.	.	.	.	41,7	41,8
49	.	41,1	41,0	40,9	40,6	40,7	40,8	40,6	40,5	41,4	41,7	41,5	41,6
1950	41,5	41,3	41,1	41,1	41,2	41,2	41,4	41,2	41,6	41,8	42,0	41,9	42,1
51	41,6	41,9	41,7	42,0	41,8	41,7	41,6	41,6	41,4	41,7	41,8	41,8	41,8
52	41,2	41,6	41,4	41,1	41,0	40,9	41,1	40,7	40,9	41,3	41,5	41,7	41,6
53	41,3	41,2	41,3	41,5	41,5	41,4	41,3	41,2	41,0	41,4	41,1	41,3	41,5
54	41,1	41,1	41,1	41,1	41,1	40,9	41,2	40,9	40,9	41,2	41,2	41,3	41,4
1955	41,4	41,1	41,2	41,4	41,3	41,3	41,4	41,2	41,2	41,5	41,5	41,7	41,8
56	41,3	41,4	41,3	41,2	41,2	41,3	41,4	41,2	41,0	41,4	41,4	41,5	41,6
57	41,2	41,3	41,2	41,2	41,2	41,2	41,2	41,0	41,0	41,2	41,0	41,0	41,3
58	40,9	40,8	40,6	40,7	40,7	40,8	41,1	40,8	40,7	41,0	41,0	41,2	41,4
59	41,4	41,1	41,2	41,3	41,6	41,6	41,5	41,1	41,2	42,3	41,6	41,7	41,9
1960	41,3	41,3	41,3	41,3	42,1	41,6	41,9	41,6	41,3	41,3	41,0	41,1	40,7
61	41,4	41,0	41,1	41,3	41,2	41,1	41,5	41,5	41,6	41,2	41,7	41,8	41,3
62	...	41,5	41,6	41,5	41,7	41,7	41,6	41,5	41,5	41,5	41,5	41,4	41,4

15. Erdöl- und Kohleverarbeitung

Jahr	Jahresdurchschnitt	Monate J	F	M	A	M	J	J	A	S	O	N	D
1948	.	.	.	.	.	.	.	.	.	.	.	40,4	40,4
49	.	41,2	39,9	40,0	40,1	40,7	40,2	40,7	40,3	41,1	41,0	40,0	39,9
1950	40,9	40,7	39,8	39,7	40,8	40,6	41,0	41,6	40,6	41,7	41,6	41,3	41,2
51	40,9	41,0	40,5	40,5	41,1	40,9	40,7	41,8	40,8	41,5	41,1	40,7	41,2
52	40,6	40,9	40,8	40,7	40,4	37,3	40,7	41,4	40,9	41,2	40,9	40,9	40,7
53	40,8	40,6	40,3	40,5	40,5	41,1	40,8	41,4	41,1	41,2	40,8	40,8	40,7
54	40,8	40,5	40,3	40,2	40,3	41,2	41,4	41,1	41,0	41,2	40,6	40,9	40,6
1955	41,1	40,8	40,2	40,7	41,0	41,4	41,2	41,3	41,0	41,3	41,6	41,0	41,0
56	41,1	41,3	40,7	41,2	41,2	40,7	41,1	41,8	40,9	41,7	40,8	40,9	41,0
57	40,9	41,1	40,8	40,7	41,2	40,9	40,9	41,5	40,6	41,5	40,6	40,7	40,8
58	40,5	40,4	39,9	40,1	40,5	40,5	41,0	41,0	40,4	40,7	40,2	40,6	40,2
59	41,2	40,9	40,3	41,2	40,9	41,0	40,9	41,1	40,6	41,5	40,8	41,0	40,6
1960	41,1	40,2	40,3	40,3	40,8	40,7	41,1	41,5	40,7	41,3	41,3	40,9	40,8
61	41,2	41,3	40,7	40,8	41,2	41,1	41,6	41,4	41,0	41,0	41,8	41,6	41,2
62	...	41,9	41,1	40,9	41,3	41,6	41,7	41,7	41,7	42,1	41,8	41,6	41,9

16. Gummi- und Kunststoffverarbeitung[2]

Jahr	Jahresdurchschnitt	Monate J	F	M	A	M	J	J	A	S	O	N	D
1948	.	.	.	.	.	.	.	.	.	.	.	38,7	38,5
49	.	37,9	37,7	37,0	36,9	37,7	38,2	38,4	38,3	40,3	39,4	38,4	39,2
1950	40,9	39,4	39,2	39,3	40,0	41,2	41,4	41,2	41,8	41,9	41,9	41,6	41,6
51	40,6	40,5	38,7	40,1	39,9	41,3	42,4	41,1	40,9	41,0	41,9	40,5	41,2
52	40,7	40,9	40,5	40,3	39,6	40,5	40,9	39,6	40,6	41,1	41,5	41,1	41,8
53	40,3	41,1	41,3	41,6	41,1	40,3	40,7	40,5	39,8	39,0	39,1	39,4	39,2
54	39,7	38,7	38,9	38,5	38,8	39,7	40,2	39,4	39,1	39,3	40,4	41,1	41,8
1955	41,7	41,3	41,3	41,0	41,8	42,1	42,3	41,3	41,3	41,5	42,0	42,4	41,3
56	40,2	40,7	40,1	39,5	39,9	39,9	39,6	39,7	40,2	40,5	40,9	40,5	41,4
57	40,5	40,9	40,9	40,4	40,0	40,0	40,9	41,3	40,9	40,6	40,1	40,0	40,0
58	39,4	38,2	37,3	38,0	37,5	38,2	39,1	39,1	40,5	40,8	40,7	40,7	41,9
59	41,3	41,1	41,6	42,0	41,8	42,1	40,3	42,5	42,3	41,3	40,8	39,7	40,8
1960	39,9	40,7	40,0	39,4	38,3	39,7	40,6	40,6	39,9	39,0	39,9	39,5	38,8
61	40,3	39,2	39,5	39,5	40,5	40,3	40,1	40,3	40,2	40,6	40,4	41,2	41,6
62	...	40,9	40,6	41,0	41,8	41,5	41,5	40,5	40,5	41,0	40,6	40,9	41,0

[2] s. nebenstehende Seite

Anzahl der beschäftigten Produktionsarbeiter (in Tsd.). Saisonbereinigt

17. Textilindustrie (ohne Bekleidungsindustrie)

Jahr	Jahre-durch-schnitt	J	F	M	A	M	J	J	A	S	O	N	D
1948	.	.	.	.	.	.	.	.	.	.	.	1233	1218
49	.	1188	1172	1133	1095	1092	1083	1096	1114	1143	1168	1172	1169
1950	1200	1165	1166	1171	1172	1168	1174	1196	1243	1268	1264	1250	1239
51	1174,5	1245	1250	1211	1214	1212	1205	1203	1171	1148	1132	1121	1124
52	1100,5	1120	1106	1089	1079	1075	1068	1100	1122	1138	1135	1135	1129
53	1092,6	1121	1117	1123	1110	1114	1113	1113	1110	1099	1067	1036	1013
54	975,7	897	980	979	972	966	978	970	989	988	979	973	968
1955	982	967	970	975	983	971	975	984	996	994	992	988	985
56	966	986	979	971	971	974	966	957	966	961	958	944	934
57	913	930	924	920	919	916	914	924	921	918	907	886	872
58	851	857	847	836	837	835	840	856	864	864	863	858	849
59	874	852	851	857	869	878	883	899	896	894	885	867	854
1960	827	856	851	854	861	867	867	874	868	854	803	796	789
61	793	784	783	784	790	798	800	800	795	794	796	797	799
62	...	799	798	799	802	803	803	798	791	787	783	780	777

18. Bekleidungsindustrie und verwandte Zweige

Jahr	Jahre-durch-schnitt	J	F	M	A	M	J	J	A	S	O	N	D
1948	.	.	.	.	.	.	.	.	.	.	.	1053	1020
49	.	1005	1024	1020	1029	1001	999	992	1030	1050	1046	1018	1025
1950	1065	1032	1034	1027	1018	1022	1022	1044	1073	1067	1063	1046	1048
51	1067,9	1070	1083	1074	1063	1045	1047	1053	1032	1006	980	998	1020
52	1074,7	1029	1021	1055	1048	1043	1055	1083	1072	1074	1066	1093	1098
53	1102,1	1109	1104	1106	1114	1124	1136	1116	1099	1072	1087	1085	1068
54	1046,2	1051	1051	1064	1049	1040	1037	1030	1033	1033	1041	1060	1057
1955	1077	1058	1064	1072	1073	1085	1091	1061	1066	1078	1092	1114	1105
56	1083	1094	1093	1078	1090	1101	1094	1073	1068	1064	1080	1087	1077
57	1065	1065	1058	1061	1091	1094	1085	1071	1061	1060	1055	1061	1039
58	1027	1027	1015	984	1007	1037	1035	1039	1024	1034	1035	1048	1040
59	1080	1041	1042	1048	1077	1111	1113	1097	1081	1084	1084	1101	1087
1960	1094	1080	1073	1080	1104	1136	1130	1110	1085	1074	1080	1071	1048
61	1067	1039	1050	1068	1069	1063	1076	1072	1081	1063	1073	1073	1076
62	...	1062	1072	1092	1121	1111	1120	1110	1109	1105	1105	1093	1089

19. Ledererzeugung und -verarbeitung

Jahr	Jahre-durch-schnitt	J	F	M	A	M	J	J	A	S	O	N	D
1948	.	.	.	.	.	.	.	.	.	.	.	355	350
49	.	350	352	351	348	344	348	349	354	347	346	334	345
1950	353	348	350	348	344	349	350	356	363	365	363	362	361
51	338,8	364	367	362	357	345	351	341	335	321	318	319	325
52	342,5	330	335	333	336	341	344	343	346	347	349	357	361
53	346,7	359	357	354	357	356	357	348	340	339	336	336	334
54	330,6	332	331	330	327	329	326	333	330	329	332	334	337
1955	340	336	337	339	339	342	343	343	342	344	344	323	346
56	341	345	341	336	335	343	342	340	338	337	338	337	338
57	329	336	332	333	337	337	329	330	328	330	329	329	326
58	318	323	318	312	303	313	316	320	317	321	317	326	329
59	332	329	325	323	327	337	336	338	332	335	333	333	332
1960	323	329	321	320	320	326	325	325	325	321	321	319	315
16	319	316	318	316	321	322	323	320	320	316	318	317	320
62	...	317	318	320	327	323	322	318	320	316	318	316	315

20. Papierindustrie und verwandte Zweige

Jahr	Jahre-durch-schnitt	J	F	M	A	M	J	J	A	S	O	N	D
1948	.	.	.	.	.	.	.	.	.	.	.	408	403
49	.	394	387	382	377	376	373	374	375	386	390	389	386
1950	416	383	384	387	391	394	401	404	412	420	419	423	424
51	434,1	421	421	422	427	426	428	427	421	419	410	407	406
52	420,9	403	402	414	413	416	421	419	427	427	432	431	434
53	441,0	434	435	437	437	439	445	448	449	452	448	442	435
54	439,3	436	435	434	435	437	441	442	441	447	444	440	435
1955	452	435	435	437	441	449	452	455	458	456	460	461	463
56	465	460	458	459	465	469	467	467	468	465	465	465	470
57	459	470	468	469	472	470	462	456	455	453	456	453	453
58	439	447	440	438	438	436	433	433	440	440	443	442	441
59	449	442	442	443	447	451	553	454	452	453	450	448	449
1960	474	449	448	448	453	454	452	449	449	445	471	469	464
61	470	465	464	466	466	468	473	472	472	469	471	473	475
62	...	472	473	476	479	479	482	481	481	477	478	476	478

Durchschnittliche Anzahl der wöchentlichen Arbeitsstunden

21. Druck und Vervielfältigung

Jahr	Jahres-durch-schnitt	J	F	M	A	M	J	J	A	S	O	N	D
1948	.	.	.	.	.	.	.	.	.	.	.	39,2	39,6
49	.	38,6	38,6	38,6	38,4	38,7	38,7	38,6	38,5	39,1	38,6	38,6	39,3
1950	38,8	38,5	38,2	38,6	38,6	38,7	38,7	38,5	38,9	39,2	39,0	39,0	39,8
51	38,8	38,7	38,4	39,0	38,9	38,7	38,7	38,6	38,7	39,3	38,6	38,7	39,4
52	38,8	38,6	38,4	38,8	38,3	38,7	38,8	38,6	38,9	39,3	39,0	39,0	39,5
53	38,9	38,7	38,6	39,1	38,9	39,0	38,8	38,7	38,9	38,9	39,0	38,8	39,3
54	38,4	38,4	38,2	38,6	38,1	38,2	38,3	38,3	38,5	38,6	38,4	38,5	39,0
1955	38,9	38,2	38,4	38,8	38,5	38,7	38,8	38,7	38,9	39,3	39,1	39,1	39,6
56	38,8	38,7	38,6	39,0	38,8	38,7	38,6	38,6	38,8	39,0	39,1	38,6	39,1
57	38,5	38,3	38,5	38,8	38,5	38,4	38,4	38,3	38,6	38,8	38,4	38,0	38,6
58	37,8	37,7	37,7	37,9	37,7	37,6	37,6	37,6	37,9	38,0	37,9	37,9	38,4
59	38,5	38,0	37,9	38,3	38,1	38,1	38,1	38,2	38,3	38,8	38,4	38,3	39,0
1960	38,5	38,3	38,0	38,2	37,8	38,4	38,1	38,2	38,3	38,6	38,6	38,5	38,0
61	38,2	38,0	38,2	38,2	38,3	38,0	38,3	38,2	38,2	38,1	38,1	38,2	38,4
62	...	38,1	38,3	38,5	38,6	38,4	38,4	38,3	38,3	38,3	37,9	38,1	38,3

22. Nahrungsmittel- und Getränkeindustrie

Jahr	Jahres-durch-schnitt	J	F	M	A	M	J	J	A	S	O	N	D
1948	.	.	.	.	.	.	.	.	.	.	.	41,8	41,9
49	.	41,5	41,3	40,9	40,6	41,3	41,6	42,2	41,7	41,8	41,7	41,6	41,4
1950	41,6	41,4	40,7	40,7	40,4	41,0	41,8	42,3	41,9	42,0	41,6	41,8	42,3
51	41,9	41,9	40,9	41,1	41,2	41,6	42,0	42,0	42,1	42,6	41,8	42,0	42,3
52	41,6	41,6	41,4	41,0	40,7	41,3	42,1	42,0	41,4	42,3	41,8	41,7	42,1
53	41,2	41,1	40,7	40,8	40,3	41,0	41,6	41,7	41,3	41,9	41,5	41,4	41,3
54	41,0	40,9	40,5	40,4	40,2	40,8	41,4	41,5	41,2	41,5	40,9	41,2	41,4
1955	41,2	40,8	40,5	40,5	40,3	41,1	41,5	41,9	41,1	41,6	41,6	41,5	41,8
56	41,0	41,5	40,7	40,6	40,2	40,5	41,1	41,0	41,2	42,0	41,3	41,3	40,9
57	40,5	40,2	40,1	38,9	40,0	40,4	40,9	41,5	40,9	41,2	40,2	40,4	40,7
58	40,7	40,1	39,7	39,6	39,7	40,2	40,7	41,2	41,4	41,6	40,9	41,0	41,0
59	41,0	40,5	40,0	40,2	40,2	40,8	41,0	40,9	41,4	41,4	40,8	41,0	41,1
1960	40,9	40,6	39,6	39,7	39,8	40,6	40,6	41,1	41,2	41,6	41,3	40,9	40,7
61	40,9	40,4	40,9	40,9	40,7	41,1	41,3	41,0	40,9	40,9	41,2	40,8	40,7
62	...	40,4	40,7	40,9	41,2	41,3	41,1	41,6	40,7	41,1	40,7	41,0	40,9

23. Tabakindustrie

Jahr	Jahres-durch-schnitt	J	F	M	A	M	J	J	A	S	O	N	D
1948	.	.	.	.	.	.	.	.	.	.	.	37,9	38,3
49	.	36,2	35,4	36,1	34,7	35,7	38,0	37,4	38,7	38,9	38,2	38,0	38,0
1950	38,1	38,0	36,2	36,7	35,5	36,7	38,3	38,4	39,5	39,2	38,3	38,0	38,8
51	38,5	38,6	37,9	36,8	36,9	36,6	37,9	38,5	38,3	39,4	39,2	39,3	39,5
52	38,4	38,4	36,9	36,6	34,6	38,0	38,7	38,0	39,2	40,3	40,4	38,5	39,2
53	38,2	38,5	36,9	37,8	37,2	36,9	37,0	37,4	38,9	39,1	39,4	38,3	39,3
54	37,7	36,2	35,9	36,0	36,3	37,3	38,3	37,9	38,5	39,4	40,1	36,9	38,4
1955	38,8	37,7	37,0	37,6	36,4	38,8	39,4	38,3	39,3	40,6	41,2	38,2	39,2
56	38,9	38,1	36,6	37,8	37,9	38,9	39,2	38,9	39,1	40,8	39,5	38,9	39,8
57	38,6	38,8	38,5	37,9	36,8	39,1	38,6	39,6	38,4	39,8	38,3	37,4	39,1
58	39,1	39,0	37,9	37,1	38,0	38,7	39,7	39,6	39,6	40,1	39,6	39,2	40,1
59	39,1	38,8	38,5	38,1	37,8	38,8	39,3	40,1	40,7	40,9	40,2	38,2	39,7
1960	38,2	38,4	36,1	34,8	36,0	38,1	39,3	37,6	37,9	40,3	40,6	37,6	39,1
61	38,8	37,7	38,3	38,4	39,8	38,3	38,9	38,0	39,6	39,5	39,4	38,8	39,0
62	...	36,6	38,7	39,6	39,6	38,6	37,9	37,1	37,4	39,5	38,7	39,4	39,0

24. Sonstige Zweige der verarbeitenden Industrie[1]

Jahr	Jahres-durch-schnitt	J	F	M	A	M	J	J	A	S	O	N	D
1948	.	.	.	.	.	.	.	.	.	.	.	41,0	41,0
49	.	40,2	40,3	40,2	39,0	39,0	39,4	39,0	38,9	40,2	40,7	40,9	40,9
1950	41,0	40,2	40,2	40,2	40,2	40,3	40,5	40,3	41,6	42,1	42,3	42,4	41,7
51	40,9	41,3	41,6	41,6	41,2	40,7	40,8	39,8	40,0	40,5	40,5	40,6	41,4
52	41,0	41,0	40,8	40,8	40,0	40,3	40,2	39,6	40,7	41,6	42,1	42,0	42,5
53	40,8	41,4	41,1	41,5	41,3	40,9	40,9	39,7	40,6	40,1	41,0	40,7	40,7
54	39,9	39,4	40,1	40,0	39,2	39,4	39,6	39,0	39,9	40,0	40,5	40,5	40,6
1955	40,6	40,2	40,5	40,6	40,1	40,5	40,5	39,7	40,3	40,9	41,3	41,1	41,2
56	40,3	40,5	40,6	40,4	40,5	40,2	40,1	39,6	40,2	40,3	40,7	40,3	40,6
57	39,9	40,0	40,3	40,6	39,9	39,8	39,9	39,5	40,0	40,3	39,9	39,7	39,6
58	39,6	39,2	39,0	39,2	39,0	39,1	39,5	39,2	39,5	40,1	40,3	40,4	40,4
59	39,9	40,1	40,1	40,0	40,3	40,3	40,5	40,0	40,4	40,5	40,7	40,4	40,6
1960	39,8	40,1	39,9	40,3	39,2	39,9	39,9	39,4	40,0	39,5	39,8	39,5	38,0
61	39,5	38,9	39,4	39,1	39,3	39,3	39,7	39,6	39,4	39,7	39,7	40,1	39,8
62	...	39,3	39,3	40,1	40,3	40,1	39,9	39,8	39,7	40,0	39,4	39,3	39,5

[1] s. nebenstehende Seite

Jahresdurchschnitte in Tsd.[1]

25. Gesamtzahl aller Beschäftigten in den nicht-landwirtschaftlichen Bereichen der USA

Jahr	Insgesamt	Bergbau	Verarbeitende Industrie	Bauwirtschaft	Transport und öffentl. Dienste[2]	Handel	Finanzwesen	Dienstleistungsgewerbe	Staat und Verwaltung
1948	44.448	982	15.321	2.169	4.141	9.519	1.741	4.925	5.550
49	43.315	918	14.178	2.165	3.949	9.513	1.765	4.972	5.356
1950	44.738	889	14.967	2.333	3.977	9.645	1.824	5.077	6.026
51	47.347	916	16.104	2.603	4.166	10.012	1.892	5.264	6.389
52	48.303	885	16.334	2.634	4.185	10.281	1.967	5.411	6.509
53	49.681	852	17.238	2.622	4.221	10.527	2.038	5.538	6.545
54	49.022	791	16.314	2.612	4.084	10.235	2.234	6.002	6.751
1955	50.675	792	16.882	2.802	4.141	10.535	2.335	6.274	6.914
56	52.408	822	17.243	2.999	4.244	10.858	2.429	6.536	7.277
57	52.904	828	17.174	2.923	4.241	10.886	2.477	6.749	7.526
58	51.423	751	15.945	2.778	3.976	10.750	2.519	6.811	7.393
59	53.380	731	16.667	2.955	4.010	11.125	2.597	7.105	8.190
1960	54.347	709	16.762	2.882	4.017	11.412	2.684	7.361	8.520
61	54.077	666	16.267	2.760	3.923	11.368	2.748	7.516	8.328
62	55.325	647	16.752	2.695	3.925	11.572	2.794	7.757	9.184

[1] 1948 bis 1953 ohne, 1954 bis 1962 einschließlich Alaska und Hawai.
[2] Elektrizitäts-, Gas- und Wasserversorgung usw.

Quellen: Federal Reserve Bulletin, Washington; Heft 12/1956, 1/1960, 12/1961, 5/1963.

schnittlichen Umschlag des fixen Kapitals während eines Zyklus abzuschätzen. Über den tatsächlichen Verlauf des Ersatzprozesses sagt er nichts aus, da er die vielfachen Einflüsse nicht erfaßt, denen dieser Prozeß unterliegt. Er reicht jedoch aus, um für den untersuchten Zeitraum Anhaltspunkte über den Umfang der Neuinvestitionen und daher auch der Kapitalakkumulation zu gewinnen.

Die Kennziffer „Verbrauch für die lfd. Produktion" ist stark überhöht, vor allem durch Doppelzählungen in der Zirkulationssphäre. Ferner enthält diese Position aber auch Profit- bzw. Mehrwertsbestandteile; es handelt sich dabei um individuelle Konsumtion der Kapitalisten — steuerlich absetzbarer und nicht unter „Investitionen" verbuchter privater Verbrauch — sowie um Gebühren etc., die im Zusammenhang mit der Produktion und Zirkulation an den Staat abgeführt werden. Der letztere Teil wurde von uns ausgesondert und dem Nationaleinkommen zugeschlagen. Die Position bleibt dennoch stark überhöht. Einen Eindruck von dem Grad der Überhöhung vermittelt ein Vergleich mit der entsprechenden Position in der Statistik der Deutschen Demokratischen Republik. Der Anteil des Materialverbrauchs am gesellschaftlichen Gesamtprodukt beträgt in der DDR rd. 40 Prozent, der entsprechende des „Verbrauchs für die lfd. Produktion" in Westdeutschland dagegen rd. 66 Prozent.

Annähernd zu ermitteln ist das variable Kapital (*v*). Das der Kennziffer „Bruttoeinkommen aus unselbständiger Arbeit" zugrunde liegende Quellenmaterial läßt auf eine befriedigend genaue Schätzung schließen. Diese Position enthält jedoch noch eine Fülle von Mehrwertbestandteilen. Dazu gehören die abzuführenden Steuern, die Einkommen parasitärer Schichten, umverteilte Profitbestandteile in Form des Lohnes der Hausangestellten und schließlich die „Löhne" der Direktoren, Generaldirektoren u. ä. Diese Mehrwertbestandteile, bis auf den letzteren Teil, der aber nicht unterschätzt werden darf,[4] fallen aus der Rechnung heraus, wenn man das „Nettoeinkommen aus unselbständiger Arbeit" allein für den Sektor „Unternehmen" berechnet. Man erhält dann einen, freilich noch immer überhöhten, zahlenmäßigen Ausdruck des in der westdeutschen Volkswirtschaft angewandten variablen Kapitals.

Der Mehrwert (*m*) wird durch das staatliche Einkommen und die „Einkommen aus Unternehmertätigkeit und Vermögen" dargestellt. Dabei könnte die letztere Position, netto berechnet, zugleich den Profit zum Ausdruck bringen.

Die Gesamtsumme der staatlichen Einnahmen — und auch der Ausgaben — kann als verhältnismäßig exakt angesehen werden. In den Einzelpositionen werden manche Prozesse verschleiert. Diese Aussagen beziehen sich auf die in den Tabellen der vorliegenden Arbeit angeführten Kennziffern. Die Position „Staatsverbrauch" der westdeutschen Sozialproduktsberechnung ist nicht verwendbar — wir werden darauf noch zurückkommen.

[4] Z. B. machten die Bezüge der Direktorien, Vorstände und Geschäftsführungen, alleine der Hoesch AG im Geschäftsjahr 1962 weit über 4 Mill. DM aus. Vgl. Die Wahrheit, Westberlin, vom 17. 8. 1963, S. 7. Man dürfte nicht fehlgehen, wenn man den Anteil dieser Einkommen am „Einkommen aus unselbständiger Arbeit" auf rund 10 Prozent schätzt. Vgl. dazu die Steuerstatistik des Stastischen Jahrbuch für die BRD, a. a. O., 1961, S. 444ff.

Die Kennziffer „Einkommen aus Unternehmertätigkeit und Vermögen" ist absolut ungenügend. Sie bringt allenfalls zum Ausdruck, welcher Teil des Profits, im Interesse der Brauchbarkeit der Gesamtrechnungen und der Glaubwürdigkeit dieser Position selbst, nicht verschleiert werden konnte. Die Kennziffer beruht auf einer Schätzung auf der Grundlage der Steuerunterlagen. Alle nicht steuerwirksamen Profitbestandteile fallen also bereits von vornherein aus ihr heraus. Der Hinweis, dies werde durch einen Zuschlagssatz ausgeglichen, soll dieser Schätzung wohl mehr den Mantel der Wissenschaftlichkeit verleihen als ihrer Exaktheit dienen. Ferner enthält diese Position auch noch das Einkommen von Millionen einfacher Warenproduzenten.

Wie stark die Kapitalrevenue unterschätzt worden ist, möge folgende vergleichende Rechnung für das Jahr 1960 zeigen. Umgerechnet auf den Kopf der „unselbständig Tätigen" ergibt das „Nettoeinkommen aus unselbständiger Arbeit", einschließlich der Gehälter der Direktoren, Generaldirektoren usw. ein durchschnittliches Monatseinkommen von rd. DM 400,—. Das „Nettoeinkommen aus Unternehmertätigkeit und Vermögen" abzüglich der Netto- und Vorratsinvestitionen ergibt, umgerechnet auf den Kopf der „selbständig Tätigen", durchschnittlich monatlich eine individuelle Konsumtion von rd. DM 500,—. Schätzt man aus der Zahl der „selbständig Tätigen" die der Kapitalisten heraus[5] und nimmt man für die verbleibenden einfachen Warenproduzenten, nichtkapitalistisch arbeitenden kleinen Händler usw. eine durchschnittliche monatliche Konsumtion von DM 400,— an, so verbleibt für die Kapitalisten je Kopf und Monat eine Konsumtion von rd. DM 960,— übrig. Dieser Betrag mag vielleicht als konsumierbares Monatseinkommen des kleinsten dieser Kapitalisten angemessen sein, als durchschnittliches konsumierbares Einkommen aller Kapitalisten ist er völlig ungenügend. Das ganze „Elend" der Unternehmer wird noch so recht anschaulich, wenn man bedenkt, daß das gleiche Statistische Bundesamt, das die dieser Berechnung zugrunde liegenden Zahlen schätzte, das konsumierbare Monatseinkommen eines mittleren Arbeiterhaushalts mit DM 670,— angibt.[6] Schätzt man die individuelle Konsumtion der Kapitalisten auf den doppelten hier berechneten durchschnittlichen Monatsbetrag, so ergibt sich eine Minderbewertung des gesamten „Nettoeinkommens aus Unternehmertätigkeit und Vermögen" im Jahre 1960 um rd. 12 Prozent.

Der Vergleich dieser ökonomischen Kategorien mit dem Inhalt der ihnen anscheinend entsprechenden Kennziffern offenbart charakteristisch die apologetische, die Ausbeutungsverhältnisse verschleiernde Seite der volkswirtschaftlichen

[5] Die Anzahl der Kapitalisten im Rahmen der „selbständig Tätigen" ist nach der Zahl der industriellen Betriebe mit mehr als 10 Beschäftigten, der landwirtschaftlichen Betriebe mit mehr als 20 ha Nutzfläche, der handwerklichen Betriebe mit mehr als 10 Beschäftigten, der Großhandelsbetriebe u. ä. ermittelt, die Zahl großer Einzelhändler ist überschlägig geschätzt. Quelle: Statistisches Jahrbuch für die BRD, a.a.O., 1961, S. 163, 191, 212 und 251. Es ergibt sich eine Zahl von rund 0,6 Mill. kapitalistischer Betriebe. Diese Schätzung bleibt natürlich sehr grob — allerdings nicht in größerem Maße, als auch die Schätzung des „Einkommens aus Unternehmertätigkeit und Vermögen" des Statistischen Bundesamtes —, aber sie reicht völlig aus, um eine Größenvorstellung zu vermitteln.

[6] Vgl. Statistisches Jahrbuch für die BRD, a.a.O., 1961, S. 524.

Gesamtrechnungen. Durch den Ausweis eines Teiles des Profits im „Verbrauch für die lfd. Produktion" wird die Gesamtentwicklung des Nationaleinkommens (NE) verzerrt. Auf der einen Seite wird es durch die Einbeziehung der Bereiche der Zirkulation, Dienstleistungen, des Staates usw. zu hoch ausgewiesen. Auf der anderen Seite wird es durch die herausfallenden Profitbestandteile vermindert. Dadurch werden ganz spezifische relative Größen verfälscht ($v:m$; v:NE; m:NE). In der gleichen Richtung wirken zusätzlich der verhältnismäßig genaue und durch Profitbestandteile überhöhte Ausweis des variablen Kapitals einerseits sowie der zu geringe und durch die Einkommen der einfachen Warenproduzenten etc. noch relativ verminderte Profit andererseits. Im Ergebnis unterscheiden sich das Einkommen aus Arbeit und der konsumierbare Teil der Kapitalrevenue nur noch unerheblich. Dadurch, daß große Teile des Mehrwerts als staatliche Einnahmen in Erscheinung treten und auch die Renten der Werktätigen über den Staat verteilt werden, erweckt man weiterhin den Eindruck, als werde dieser Teil des Mehrwerts im Interesse aller Klassen verwandt. Soweit die Verteilungsrechnung. In der Verwendungsrechnung des Nationaleinkommens, die den kapitalistischen Charakter des Reproduktionsprozesses eindeutiger zum Ausdruck bringt, sind die verschiedenen Positionen so zusammengefaßt, daß der Ausbeutungsprozeß nicht sichtbar wird.

Die zweite Schwierigkeit bei der Darstellung des Reproduktionsprozesses des Kapitals an Hand des Materials der Gesamtrechnungen betrifft die Ermittlung der Größe des Nationaleinkommens. Es ist vorläufig noch unmöglich, die Bereiche der materiellen Produktion gesondert einigermaßen exakt zu erfassen.

Im Kontensystem der volkswirtschaftlichen Gesamtrechnungen werden die Bereiche, in denen das gesellschaftliche Produkt erzeugt wird, in drei Sektoren unterteilt: den Sektor „Unternehmen", den Sektor „Staat" und den Sektor „Private Haushalte und private Organisationen ohne Erwerbscharakter".[7] Alle drei Sektoren leisten nach der bürgerlichen Theorie einen Beitrag zum Nationaleinkommen. Die Fadenscheinigkeit dieser Theorie wird schon bei einfacher Durchrechnung der Konten deutlich, denn die letzteren beiden Sektoren sind zwar bei der Verteilungs- und Verwendungsrechnung des Nationaleinkommens unerläßlich, bei der Entstehungsrechnung bilden sie jedoch eine willkürliche Konstruktion.

Der sogenannte Beitrag der „Privaten Haushalte"[8] zum Nationaleinkommen entpuppt sich als reine Doppelzählung, die keine echte Produktionsbeziehung repräsentiert. Ähnliches gilt, in etwas verschleierterer Form, auch für den Sektor „Staat". Man stellt fest, daß der Staat sein sogenanntes „Produkt" selbst ver-

7) Die Zusammensetzung des Sektors „Unternehmen" wird weiter unten dargelegt. Der Sektor „Staat" umfaßt die staatlichen Organe des Bundes, der Länder, der Gemeinden und die Sozialversicherung. Bei den „Privaten Organisationen ohne Erwerbscharakter" handelt es sich um Organisationen, „deren Leistungen . . . nicht überwiegend gegen Entgelt verkauft werden", also z. B. Parteien, Gewerkschaften, Kirchen, Vereine usw. Vgl. „Wirtschaft und Statistik", Verlag W. Kohlhammer GmbH, Stuttgart, Heft 6/1960, S. 323. Wenn wir in den folgenden Ausführungen von den „Privaten Haushalten" sprechen, so meinen wir stets diesen ganzen Bereich, also einschließlich der „Privaten Organisationen ohne Erwerbscharakter".

8 Private Haushalte stets einschließlich Privater Organisationen ohne Erwerbscharakter.

braucht und diesen Verbrauch durch Einnahmen aus den anderen Sektoren – zum Teil auch durch Revenue aus staatlichen Betrieben – finanziert. Der „Beitrag" des Sektors „Staat" erscheint zwar nicht so offensichtlich als Doppelzählung wie der der „Privaten Haushalte", aber auch der Staat entpuppt sich ebenso eindeutig nicht als Produzent, sondern als Verbraucher von Nationaleinkommen.

Die Sektoren „Staat" und „Private Haushalte" lassen sich – eben weil sie so willkürlich konstruiert sind – aus der Entstehungsrechnung leicht ausschalten. Die Kennziffer des Nationaleinkommens bleibt aber trotzdem überhöht, weil der Sektor „Unternehmen" auch die Bereiche der Zirkulation und der Dienstleistungen umfaßt. Diese Bereiche lassen sich vorläufig noch nicht ausgliedern, wenn man Entstehung, Verteilung und Verwendung des Nationaleinkommens oder des gesellschaftlichen Gesamtprodukts zusammenhängend darstellen will. Ein Anhaltspunkt über den Grad der Überhöhung läßt sich jedoch an Hand der Entstehungsrechnung des „Nettoinlandsproduktes zu Marktpreisen"[9] gewinnen.

Tabelle 1

Beiträge zusammengefaßter Wirtschaftsbereiche zum Nettoinlandsprodukt zu Marktpreisen

Bereich	1950		1957		1960	
	Mill. DM	%	Mill. DM	%	Mill. DM	%
1. Land- und Forstwirtschaft, Fischerei	9530	12,0	14480	8,0	15820	6,7
2. Bergbau und Energiewirtschaft	4190	5,3	9920	5,5	10900	4,6
3. Verarbeitendes Gewerbe	33410	42,1	81620	45,4	109270	46,3
4. Baugewerbe	5230	6,6	12140	6,7	17620	7,5
(1.–4. insges.)	(52360)	(65,9)	(118160)	(65,6)	(153610)	(65,2)
5. Verkehr und Nachrichtenübermittlung	5900	7,4	11910	6,6	15730	6,7
6. Handel	12090	15,2	27910	15,5	35770	15,2
(1.–6. insges.)	(70350)	(88,6)	(157980)	(87,7)	(205110)	(87,0)
7. Banken und Versicherungen	2310	2,9	6370	3,5	9220	3,9
8. Wohnungsvermietung	1480	1,9	2830	1,6	4290	1,8
9. Sonst. Dienstleistungen[a]	4070	5,1	10260	5,7	13460	5,7
Käufe v. Verwaltungsl. d. Unt.[b]	1140		2510		3440	
Nettoinlandspr. insgesamt	79350	100	179950	100	235520	100

[a] Abzüglich der Entgelte der Angestellten der „Privaten Haushalte und privaten Organisationen o. E."

[b] Diese Position ist nicht auf die Bereiche aufteilbar, sie ist jedoch, nach unserer Auffassung, dem Nettoinlandsprodukt zu Marktpreisen zuzurechnen.

[9] Statistisches Jahrbuch für die BRD, a.a.O., 1962, S. 565f.

In dieser Tabelle sind die Sektoren „Staat" und „Private Haushalte" bereits ausgegliedert worden. Hinzugefügt wurden die „Käufe von Verwaltungsleistungen durch Unternehmen", die in der westdeutschen Statistik aus dem Nationaleinkommen herausfallen, ihm aber unbedingt zugerechnet werden müssen. Als Bereiche der materiellen Produktion sind die Bereiche 1. bis 4. voll zu werten. In Anlehnung an die in der DDR übliche Praxis[10] zählen wir jedoch auch die Bereiche 5. und 6. zu dieser Sphäre. Man kann also sagen, daß das im Sektor „Unternehmen" ausgewiesene Nationaleinkommen um etwa 12 bis 15 Prozent überhöht ist. Diese Überhöhung wird bei den weiteren Berechnungen nicht ausgeschaltet. Sie kennzeichnet, zusätzlich zu dem bereits weiter oben Gesagten, die bedingte Aussagekraft der Gesamtrechnungskennziffern.

Wenn wir weiterhin von Nationaleinkommen sprechen, so meinen wir stets die in Tabelle 1 ausgewiesene Größe bzw., in der Verwendungsrechnung, das entsprechende „Nettosozialprodukt zu Marktpreisen".[11] Diese Größe kommt in ihrer Zusammensetzung der objektiven Kategorie Nationaleinkommen (= Neuwert) am nächsten. In ihr werden alle in der westdeutschen volkswirtschaftlichen Gesamtrechnung sichtbar werdenden Teile des Nationaleinkommens ($v + m$) erfaßt. Der in Westdeutschland gebräuchliche Begriff „Nationaleinkommen" oder „Nettosozialprodukt zu Faktorkosten" erfaßt dagegen jenen erheblichen Teil des Mehrwerts nicht, der dem Staat in Form der indirekten Steuern zufließt.

In den folgenden Tabellen wird die Entstehung, Verteilung, Umverteilung und Verwendung des Nationaleinkommens wie auch des gesellschaftlichen Gesamtprodukts dargestellt. Der kreislaufartige Zusammenhang zeigt sich in der bilanzmäßigen Übereinstimmung zwischen der Entstehungsrechnung (Tabelle 2) und der Verwendungsrechnung (Tabellen 6 und 7); die geringen Differenzen der Endsummen ergeben sich aus der zwischen Produktion und Konsumtion liegenden „Umwandlung" des „Nettoinlandsproduktes" in das „Nettosozialprodukt", die hier nicht besonders nachgewiesen wurde. Bei der Verteilungs- und Umverteilungsrechnung wurde auf diesen bilanzmäßigen Zusammenhang verzichtet und nur die wichtigsten Prozesse ausgewiesen. Die Verteilungsrechnung verschleiert den typisch kapitalistischen Charakter des Reproduktionsprozesses in besonderem Maße. Die entsprechenden Tabellen (3a und b, 4a und b sowie 5) sollen nur die Bedeutung des kapitalistischen Staates in diesem Prozeß deutlicher

[10] Vgl. H. Koziolek, Grundfragen der maxistisch-leninistischen Theorie des Nationaleinkommens, Verlag Die Wirtschaft, Berlin 1957 und A. Gläss und W. Barthel, Versuch einer Umrechnung der westdeutschen Sozialprodukts-Kennziffern auf die in der Deutschen Demokratischen Republik übliche Methodik der Nationaleinkommensbe rechnung, in: „Geld und Kredit", Akademie-Verlag, Berlin, Heft 3/4, 1959, S. 262ff.

[11] Das „Nettoinlandsprodukt" unterscheidet sich vom „Nettosozialprodukt" durch den Saldo der Erwerbs- und Vermögenseinkommen zwischen Inländern und der übrigen Welt; d. h. dem „Nettoinlandsprodukt" wird der Saldo zwischen den an Ausländer gezahlten Profiten, Löhnen, Gehältern usw. zugerechnet bzw. abgezogen, um zum „Nettosozialprodukt" zu gelangen. Als Ausländer gelten die im Ausland lebenden Personen, unabhängig von ihrer Staatsangehörigkeit. Wir machen keinen Unterschied zwischen „Nettoinlandsprodukt" und „Nettosozialprodukt" (jeweils zu Marktpreisen), wenn wir vom Nationaleinkommen im Sinne der objektiven ökonomischen Kategorie sprechen, weil die Differenz so gering ist, daß sie nicht beachtet zu werden braucht.

kennzeichnen, die Tendenz der relativen Einkommensentwicklung andeuten und zusätzliche Möglichkeiten zur Auswertung der Verwendungsrechnung bieten.

Tabelle 2

Die Zusammensetzung des gesellschaftlichen Gesamtprodukts und die Verteilung des Nationaleinkommens in Westdeutschland 1950, 1957 und 1960, in Mill. DM

	1950	1957	1960
I. Zusammensetzung d. gesell. Gesamtprodukts:			
Käufe d. Unternehmen für die lfd. Produktion (cz)	178540	397310	501350
Abschreibungen (*cf*)[a]	9660	17530	21920
Nationaleinkommen ($v + m$)	79350	179950	235520
Gesell. Gesamtprod. insges.:	267550	594790	758790
II. Verteilung d. Nationaleinkommens:			
1. Verteilte Einkommen aus unselbständiger Arbeit, brutto			
a) im Inland	35320	82400	107730
b) an übrige Welt	10	140	200
1. insgesamt:	35330	82540	107930
2. a) Verteilte Einkommen aus Unternehmertätigkeit u. Vermögen, brutto	25280	50750	66930
b) Umverteilte Gewinne d. Unternehmen m. eigener Rechtspers., brutto	4280	10980	14530
c) Vert. Eink. aus Unternehmert. u. Verm. an übr. Welt abz. empf. Einkom. a. Unt. u. Verm vcn übr. Welt[b]	10	480	1060
2. insgesamt:	29570	62210	82520
3. Vert. Einkommen an den Staat			
a) Käufe v. Verwaltungsl. durch Unternehmen	1140	2510	3440
b) Indirekte Steuern abz. Subventionen	12560	29330	38120
c) Eink. d. Staates aus Unternehmert. u. Verm. abz. an Unternehmen gez. Zinsen	750	3280	3450
3. insgesamt:	14450	35120	45010
4. Indirekte Steuern an übr. Welt	—	80	60

[a] Vom Statistischen Bundesamt geschätzte verbrauchsbedingte Abschreibungen.

[b] Es handelt sich hier um einen Saldo, der faktisch das Nationaleinkommen vermindert. Das Nationaleinkommen ist hier gewissermaßen in einer Übergangsphase der Berechnungen vom Nettoinlandsprodukt zum Nettosozialprodukt berechnet. Eine Berichtigung dieser Ungenauigkeit lohnt jedoch nicht, einerseits wegen der relativen Geringfügigkeit der Summe, zum anderen, weil es sich ja bei der Gesamtdarstellung nur um Annäherungswerte handelt.

Tabelle 3a

Die Einnahmen des westdeutschen Staates 1950, 1957 und 1960, in Mill. DM

Position	1950	1957	1960
1. Einkommen aus Unternehmertätigkeit und Vermögen	1180	4360	4890
2. Indirekte Steuern	13050	30750	39500
3. Verkäufe von Verwaltungsleistungen an Unternehmen	1140	2510	3440
4. Steuern und laufende Übertragungen aus den unverteilten Gewinnen d. Untern. m. eigener Rechtspers.	2810	6860	8620
5. Vermögensübertragungen v. Untern.	40	110	300
6. Steuern u. lfd. Übertrag. v. privaten Haushalten[a]	13630	32700	45840
7. Verkäufe v. Verwaltungsl. an private Haushalte	720	1400	1850
8. Vermögensübertr. v. priv. Haush.	20	120	310
9. Lfd. Übertragungen v. d. übrigen Welt	270	1280	2700
Staatseinnahmen insgesamt:	32860	80090	107450

[a] Sozialversicherungsbeiträge u. ä.; zum Begriff „Übertragungen" s. a. Wista, H. 6 und 10, 1960.

Tabelle 3b

Die Ausgaben des westdeutschen Staates 1950, 1957 und 1960, in Mill. DM

Position	1950	1957	1960
1. Subventionen an Unternehmen	490	1420	1380
2. Zinsen an Unternehmen	430	1080	1440
3. Vermögensübertr. a. Untern.	560	1350	1940
4. Verteilte Einkommen aus unselbständiger Arbeit[a]			
a) im Inland	7040	14660	18140
b) an übrige Welt	0	50	90
5. Lfd. Übertragungen an private Haushalte[b]	12050	28090	34350
6. Vermögensübertr. an private Haushalte	—	410	1580
7. Zinsen an übrige Welt	—	190	140
1.—7. insgesamt	20570	47250	59100
8. Lfd. Übertragungen an übrige Welt[c]	1050	3940	6030
9. Verbrauch von Waren und Dienstleistungen[d]	8260	15180	23020
10. Investitionen[e]	2060	5850	8990
Ausgaben insgesamt:	31940	72220	97100
Einnahmeüberschuß:	920	7870	10350

[a] Entgelt der beim Staat Beschäftigten, einschl. Sold und Verpflegung des Militärpersonals.

[b] Renten, Pensionen, Kriegsopferversorgung, Geldleistungen der Krankenversicherung, Arbeitslosenhilfe u. ä.

[c] 1950 zum größten Teil Abberufungen der USA aus dem ERP-Sondervermögen; später Wiedergutmachungsleistungen an Israel, in der Hauptsache jedoch staatliche Kapitalexporte.

[d] Einschl. langlebiger militärischer Güter.

[e] Ohne militärische Investitionen.

Tabelle 4a

Bruttoeinkommen der privaten Haushalte 1950, 1957, und 1960 in Mill. DM

Position	1950	1957	1960
1. Einkommen aus unselbständiger Arbeit			
a) von Unternehmen	35320	82400	107730
b) vom Staat	7040	14660	18140
c) von der übrigen Welt	50	260	1240
d) von privaten Haushalten[a]	1660	3160	3880
1. insgesamt:	44070	100480	130990
2. Einkommen aus Unternehmertätigkeit und Vermögen[b]	25280	50750	66930
3. Lfd. Übertragungen vom Staat.	12050	28090	34350
4. Vermögensübertragungen vom Staat	—	410	1580
5. Lfd. Übertragungen von der übrigen Welt	50	110	90
Bruttoeinkommen insgesamt:	81450	179840	233940

[a] Löhne und Gehälter der Hausangestellten und der Angestellten der „Privaten Organisationen ohne Erwerbscharakter".
[b] Ohne unverteilte Gewinne der Unternehmen mit eigener Rechtspersönlichkeit.

Tabelle 4b

Steuern und andere Abführungen an den Staat sowie Übertragungen an das Ausland aus dem Einkommen der privaten Haushalte 1950, 1957 und 1960, in Mill. DM

Position	1950	1957	1960
1. Steuern und Sozialversicherungsbeiträge aus dem Einkommen aus unselbständiger Arbeit	9290	23480	32980
2. Steuern aus dem Einkommen aus Unternehmert. und Vermögen[a]	2130	6180	8700
3. Nicht genau zurechenbare Steuern aus den in Pos. 1 und 2 genannten Einkommen[b]	2210	3040	4160
4. Käufe von Verwaltungsleistungen durch private Haushalte	720	1400	1850
5. Vermögensübertragungen an den Staat.	20	120	310
6. Lfd. Übertragungen an die übrige Welt	0	200	690
7. Verteilte Einkommen aus unselbst. Arbeit an private Haushalte	1660	3160	3880
Steuern und Übertragungen insges.:	16030	37580	52570
Verfügbares Einkommen der privaten Haushalte	65420	142260	181370

[a] Vgl. Wista, Heft 3/1961, S. 145; für 1960 eigene Schätzung.
[b] Also Saldo ermittelt.

Tabelle 5

Das im Inland verfügbare Einkommen nach der Umverteilung durch den kapitalistischen Staat in Westdeutschland 1950, 1957 und 1960[a]

Position	1950		1957		1960	
	Mill. MD	Anteil am NE[b] in %	Mill. DM	Anteil am NE[b] in %	Mill. DM	Anteil am NE[b] in %
1. Nettoeinkommen aus unselbst. Arbeit[c]	32900	41,4	74060	41,2	94040	39,9
dar. Sektor „Unternehmen"[d]	26384	33,2	60736	33,8	77431	32,9
2. Nettoeinkommen aus Unternehmert. u. Vermögen[e]	24090	30,3	48430	27,0	63140	26,8
3. Lfd. Übertrag. an private Haushalte	12050	15,1	28090	15,6	34350	14,6
4. Verfügb. Einkommen des Staates[f]	11240	14,2	28900	16,1	42360	18,0

[a] Es handelt sich hier nicht um das gesamte tatsächlich im Inland verfügbare Einkommen. Nicht berücksichtigt wurden die Umverteilungsprozesse der Positionen 4, Tabelle 4a und 5, Tabelle 4b sowie die Salden aus den Geldbewegungen zwischen In- und Ausland. Die Differenzen sind geringfügig; die anteilmäßige Aufgliederung dieser Geldbewegungen ist unmöglich und ihre Berücksichtigung hätte das Bild weiter verzerrt.

[b] Anteil am Nationaleinkommen (NSP; vgl. Tabelle 6).

[c] Die den Einkommen der Positionen 1. und 2. nicht genau zurechenbaren Steuern wurden anteilmäßig zugerechnet.

[d] Die Steuern wurden anteilmäßig aufgeschlüsselt.

[e] Einschließlich unverteilter Gewinne d. Unternehmen m. e. R. und der Salden aus den Vermögensübertragungen der Unternehmen von und an den Staat usw. Diese Salden betrugen 1950 520 Mill. DM, 1957 1240 Mill. DM und 1960 1040 Mill. DM.

[f] Es handelt sich hier um das dem Staat für Warenkäufe, Investitionen usw. zur Verfügung stehende Einkommen, also das Gesamteinkommen abzüglich der Löhne und Gehälter der Staatsangestellten usw. und abzüglich der an Unternehmen, die „übrige Welt" und „private Haushalte" umverteilten Beträge.

Die Differenz der Position „Investitionen" ist dadurch entstanden, daß der Staat nur als Umverteiler und Verbraucher von Nationaleinkommen in die Berechnung einbezogen wurde. Er führt jedoch in ganz geringfügigem Maße auch in eigener Regie Investitionen durch. Insoweit ist er tatsächlich „Produzent von Nationaleinkommen". Da die gesamte Nationaleinkommensrechnung aber sowieso nur Annäherungswerte ergibt und es sich hier um relativ winzige Summen handelt, wurden sie in die Rechnung nicht wieder einbezogen.

Anders verhält es sich bei dem sogenannten Staatsverbrauch. Diese Position der westdeutschen Statistik stellt einen völlig irreführenden Saldo des tatsächlichen Staatsverbrauches einerseits und der „Verkäufe von Verwaltungsleistungen durch den Staat" andererseits dar. Als Staatsverbrauch kann man normalerweise die Summe ansehen, die sich aus den Entgelten für die beim Staat

Tabelle 6

Die Verwendung des Nationaleinkommens in Westdeutschland 1950, 1957 und 1960

Position	1950 Mill. DM	1950 Anteil am NE in %	1957 Mill. DM	1957 Anteil am NE in %	1960 Mill. DM	1960 Anteil am NE in %
1. Privater Verbrauch[a]	58820	74,1	118680	66,1	148440	63,0
2. „Gesellschaftlicher" Verbrauch[b]	9510	11,9	17550	9,8	26070	11,1
3. Nettoinvestitionen						
Private Investitionen	6490	8,2	23230	13,0	35440	15,1
Staatl. Investit.	2060	2,6	5850	3,3	8990	3,8
Vorräte	3670	4,6	5310	2,9	7900	3,4
4. Außenbeitrag	−1170		+8730		+ 8430	
Insgesamt:	79380	100,0	179350	100,0	235270	100,0

[a] Ohne Verbrauch der „Privaten Organisationen o. E.", aber einschließlich Bekleidung und Verpflegung des Militärpersonals.

[b] Staatlicher Verbrauch und Verbrauch der „Privaten Organisationen o. E."; nur Käufe von Waren und Dienstleistungen, darin sind aber auch die Käufe langlebiger militärischer Güter eingeschlossen.

Tabelle 7

Die Verwendung des gesellschaftlichen Gesamtprodukts in Westdeutschland 1950, 1957 und 1960

Position	1950 Mill. DM	1950 Anteil am GP in %	1957 Mill. DM	1957 Anteil am GP in %	1960 Mill. DM	1960 Anteil am GP in %
1. Verbrauch für die lfd. Produktion[a]	178540	66,7	397310	66,9	501350	66,1
2. Investitionen						
a) Ersatzinvest.	9660	3,6	17530	2,9	21920	2,9
b) Neuinvest.	8550	3,2	29080	4,9	44430	5,9
c) Vorräte[b]	3670	1,4	5310	0,9	7900	1,0
3. „Gesellschaftlicher" Verbrauch[c]	9510	3,6	17550	3,0	26070	3,4
4. Privater Verbrauch	58820	22,0	118680	19,9	148440	19,6
5. Außenbeitrag	− 1170		8730		8430	
Insgesamt:	267580	100,0	594190	100,0	758540	100,0

[a] Etwa der produktiven Konsumtion von Elementen des zirkulierenden konstanten Kapitals gleichzusetzen.

[b] Die Vorräte sind nur bedingt, soweit sie der Akkumulation von zirkulierendem konstantem Kapital dienen, als Investition zu betrachten.

[c] Vgl. Anmerkungen zu Tabelle 6.

Tabelle 8: Die Verwendung des Bruttosozialprodukts in Westdeutschland 1950, 1957 und 1960

Position	1950 Mill. DM	1950 Anteil am BSP in %	1957 Mill. DM	1957 Anteil am BSP in %	1960 Mill. DM	1960 Anteil am BSP in %
1. Privater Verbrauch	58820	67,4	118680	61,4	148440	58,9
dar. Käufe für den privaten Verbrauch von Unternehmen	58760		117320		145530	
Käufe f. d. priv. Verbrauch v. d. übrigen Welt[a]	40		1170		2550	
Käufe v. gebr. Anlagen v. Unternehmen	20		190		360	
2. Käufe d. Priv. Organis. o. E. v. Unternehmen	1250		2370		3050	
3. Staatlicher Verbrauch[b]	8260	9,3	15180	7,7	23020	9,0
4. Investitionen	21880	24,5	51920	26,4	74250	28,9
dar. d. Unternehmen[c]	19820		46070		65260	
d. Staates[d]	2060		5850		8990	
5. Außenbeitrag[e]	– 1170		+ 8730		+ 8430	
Verbrauch insgesamt:	89040	100,0	196880	100,0	257190	100,0

[a] Auslandsreisen, die Käufe importierter Waren sind in den Käufen von Unternehmen erfaßt.
[b] Ohne staatl. Investitionen und ohne Löhne und Gehälter der Staatsangestellten.
[c] Einschließlich der Vorräte.
[d] Ohne militärische Investitionen.
[e] Es handelt sich hierbei um den Saldo der Waren- und Dienstleistungsbilanz. Dieser Saldo ist von dem der Zahlungsbilanz zu unterscheiden, der der Differenz zwischen NIP und NSP zugrunde liegt.

Beschäftigten, den Käufen des Staates an Waren und Dienstleistungen und den staatlichen Investitionen zusammensetzt.

Ein Vergleich dieser Tabellen mit den Ergebnissen der westdeutschen volkswirtschaftlichen Gesamtrechnung offenbart zum Teil erhebliche Unterschiede, obwohl es sich nur um eine relativ oberflächliche Neuaufbereitung des im Kontensystem gegebenen Materials handelt. Die Ursachen dieser Unterschiede bei den einzelnen Positionen lassen sich am besten an Hand der Verwendung des „Bruttosozialprodukts" (Tabelle 8) erklären.[12]

Bei der Position „Privater Verbrauch" wurde in unserer Rechnung die Doppelzählung des „Eigenverbrauchs der privaten Haushalte" beseitigt. Ferner wurden die „Käufe von Verwaltungsleistungen durch private Haushalte" nicht als individuelle Konsumtion bewertet, sondern vielmehr in den Umverteilungs-

[12] Vgl. Statistisches Jahrbuch für die BRD, a.a.O., 1961, S. 553.

Tabelle 9

Indizes der Entwicklung von gesellschaftlichem Gesamtprodukt, Nationaleinkommen, produktiver Konsumtion (*cz*), privater Konsumtion, gesellschaftlicher Konsumtion und Akkumulation in Westdeutschland 1950, 1957 und 1960, 1950 = 100

	1950	1957	1960
1. Gesellschaftl. Gesamtprodukt	100	222	283
2. Nationaleinkommen	100	225	297
3. Verbrauch für die lfd. Produktion	100	223	281
4. Privater Verbrauch	100	201	252
5. Gesellschaftl. Verbrauch[a]	100	185	274
6. Investitionen			
a) Ersatzinvestitionen	100	181	226
b) Neuinvestitionen insgesamt	100	340	520
dar. priv. Neuinvest.	100	357	546
staatl. Invest.	100	284	436
c) Vorräte	100	145	215

[a] Vgl. Anmerkungen zu Tabelle 6.

Tabelle 10

Der Verbrauch des westdeutschen Staates 1950, 1957 und 1960, in Mill. DM

Position	1950	1957	1960
1. Löhne und Gehälter der beim Staat Beschäftigten[a]	7040	14710	18230
2. Käufe von Waren und Dienstleistungen)[b]	8260	15180	23020
3. Investitionen[c]	2110	5830	9160
Staatl. Verbrauch insgesamt:	17410	35720	50410

[a] Einschl. Sold und Verpflegung des Militärpersonals.
[b] Einschl. langlebiger militärischer Güter.
[c] Ohne selbsterstellte Anlagen. Die Differenz zu den Zahlen in Tabelle 8 ergibt sich daraus, daß dort die staatlichen Gesamtinvestitionen mit den staatlichen Verkäufen von Land und gebrauchten Anlagen saldiert werden. Dadurch werden die Investitionsangaben für die einzelnen Sektoren ungenau. Für die Investitionen insgesamt ist die Saldierung jedoch folgerichtig, weil und soweit die in einem Sektor ausscheidenden Anlagen in einem anderen weiter verwandt werden. Ohne Saldierung ergäbe sich eine Doppelzählung.

prozeß mit einbezogen. Der Verbrauch der „privaten Organisationen ohne Erwerbscharakter" wurde gesondert ausgewiesen.

Die tatsächlichen Staatsausgaben sind also erheblich höher, als in der westdeutschen Rechnung angegeben. Wir weisen in unserer Rechnung als Staatsverbrauch dagegen nur die staatlichen Käufe von Waren und Dienstleistungen aus, weil der Staat hier, in der Verwendungsrechnung, nur als Verbraucher von Nationaleinkommen dargestellt wird. Die Investitionen des Staates werden bei den Gesamtinvestitionen ausgewiesen. Die Löhne und Gehälter der Staatsangestellten gehören dagegen in die Darstellung des Umverteilungsprozesses und sind in der Verwendungsrechnung bereits in der Position „Privater Verbrauch" enthalten.

Bei allen Vorbehalten, die man gegenüber den in diesen Tabellen ausgewiesenen absoluten und relativen Größen machen muß, sind sie dennoch recht interessant. Man kann sogar sagen, daß der kapitalistische Charakter, die hauptsächlichen Triebkräfte und manche Besonderheiten der Nachkriegsentwicklung in Westdeutschland in der Nationaleinkommensrechnung recht deutlich zum Ausdruck kommen.

Karl Marx schrieb seiner Zeit: „Man muß es nie vergessen, daß die Produktion dieses Mehrwerts — und die Rückverwandlung eines Teiles desselben in Kapital, oder die Akkumulation, bildet einen integrierenden Teil dieser Produktion des Mehrwerts — der unmittelbare Zweck und das bestimmende Motiv der kapitalistischen Produktion ist."[13] Und er fährt fort, den Widerspruch zwischen der durch diesen Trieb bestimmten Entwicklung der Produktion und ihrer Grenze, der Proportionalität der Produktionszweige und der Konsumtionskraft der Gesellschaft, aufzeigend: „Diese letztere (die Konsumtionskraft der Gesellschaft — R. K.) ist aber bestimmt weder durch die absolute Produktivkraft noch durch die absolute Konsumtionskraft, sondern durch die Konsumtionskraft auf Basis antagonistischer Distributionsverhältnisse, welche die Konsumtion der großen Masse der Gesellschaft auf ein nur innerhalb mehr oder minder enger Grenzen veränderliches Minimum reduziert. Sie ist ferner beschränkt durch den Akkumulationstrieb, den Trieb nach Vergrößerung des Kapitals und nach Produktion von Mehrwert auf erweiterter Stufenleiter."[14]

Die Verwendungsrechnung des Nationaleinkommens ist gewissermaßen eine ideale Illustration zu diesen Ausführungen von Karl Marx.

Betrachtet man den Reproduktionsprozeß des Kapitals 1950—1960 im Spiegel der westdeutschen volkswirtschaftlichen Gesamtrechnungen, so zeigt sich, daß die Akkumulation des Kapitals die entscheidende Triebkraft der Entwicklung war. Insbesondere zwei Kennziffern bringen das zum Ausdruck: Erstens, die Entwicklung der privaten Nettoinvestitionen, deren Anteil am Nationaleinkommen unablässig stieg und die sich von 1950—1960 weit mehr als verfünffachten. Zweitens, die Entwicklung der „Nettoeinkommen aus unselbständiger Arbeit", deren Anteil am Nationaleinkommen in diesem Zeitraum sank — wie es für den Kapitalismus normal ist —, die aber absolut auf mehr als das zweieinhalbfache stiegen. Diese letztere Kennziffer macht das mit der Kapitalakkumulation verbundene Wachstum des angewandten variablen Kapitals sichtbar, also insbesondere die steigende Beschäftigung.

Die Kennziffern der volkswirtschaftlichen Gesamtrechnungen lassen aber ebenso auch die widersprüchliche Entwicklung der kapitalistischen Produktion erkennen. Faßt man, als die Konsumtionskraft der Gesellschaft kennzeichnend, den privaten und den „gesellschaftlichen" Verbrauch zusammen, so zeigt der unablässig zurückgehende Anteil der Konsumtion am Nationaleinkommen, daß sich die Produktion schneller entwickelt hat als die Konsumtion. Gewiß, das ist

[13] Karl Marx, Das Kapital, 3. Band, Dietz-Verlag, Berlin 1951, S. 271f.
[14] Ebenda, S. 272.

nur ein sehr grobes Bild. Es erhebt sich sofort die Frage, in welche Kategorie sind beispielsweise die staatlichen Investitionen einzuordnen usw.

Diese Fragen können hier nicht abgehandelt werden, dazu sind gesonderte und eingehendere Untersuchungen notwendig. Die staatlichen Investitionen werden in der Rubrik Investitionen belassen, obwohl ihr Wertumschlag gegenüber dem des privaten fixen Kapitals Besonderheiten aufweist, weil sie in der Regel – die militärischen Investitionen werden unter der Position staatlicher Sachverbrauch erfaßt – direkt oder indirekt der Produktion dienen oder von ihrer Entwicklung entscheidend beeinfluß werden. Dabei ist aber zu beachten, daß ein zeitlich unmittelbarer Zwang zu ihrer Durchführung, aus der Produktionsentwicklung heraus, nur teilweise wirksam wird. Meist bilden sie keine unmittelbare, direkte Voraussetzung der erweiterten Reproduktion des Kapitals. Ihr Einfluß auf die zyklische Entwicklung der Produktion gleicht dem der privaten Investitionen.

An den Kennziffern der volkswirtschaftlichen Gesamtrechnungen wird schließlich auch der staatsmonopolkapitalistische Charakter des Reproduktionsprozesses in Westdeutschland sichtbar. Auf diese Frage soll zunächst eingegangen werden, weil der ganze Verlauf des Reproduktionsprozesses ohne Beachtung der Rolle des imperialistischen Staates unverständlich bleibt. Die ökonomische Bedeutung des Staates ist gegenüber früher wesentlich gestiegen. In Westdeutschland zieht der imperialistische Staat bereits fast die Hälfte des Nationaleinkommens an sich und damit in die Verfügungsgewalt des Monopolkapitals. Der Anteil der Staatseinnahmen am Nationaleinkommen erhöhte sich in der untersuchten Periode unablässig von 41,4 Prozent 1950 auf 44,7 Prozent 1957 und 45,6 Prozent 1960.

Es ist offensichtlich, daß die Verwendung dieses Teils des Nationaleinkommens einen wesentlichen Einfluß auf die Struktur und die Entwicklung der Produktion ausübt.

Gliedert man die Staatsausgaben dahingehend auf, welche Rolle ihnen bei der Verwendung des Nationaleinkommens zukommt, so kann man feststellen, daß der größte Teil in die individuelle Konsumtion eingeht. Bei diesem Teil handelt es sich um die Löhne und Gehälter der Staatsangestellten, einschließlich der Militärs, und um Rentenzahlungen u. ä. Ausgaben. Damit kein falsches Bild entsteht, sei vermerkt, daß nur etwa die Hälfte der „laufenden Übertragungen an private Haushalte" auf Geldleistungen aus der Rentenversicherung der Arbeiter und Angestellten, der knappschaftlichen Rentenversicherung, der sozialen Krankenversicherung und der Arbeitslosenversicherung entfällt.[15] Der andere Teil entfällt auf die öffentlichen Pensionen, darunter die an Nazikriegsverbrecher, die Kriegsopferversorgung, die verschiedenen Sonderfonds, z. B. den Lastenausgleich, usw. Es handelt sich also zum größten Teil um die Einkommen parasitärer Schichten und die Folgen des Raubkrieges der deutschen Monopolbourgeoisie, die die Werktätigen zu tragen haben.

Der Anteil dieses Teils der Staatsausgaben an den Staatseinnahmen, der letzten Endes in die individuelle Konsumtion, vor allem parasitärer Schichten, fließt, verringerte sich aber von rd. 58,0 Prozent 1950 drastisch auf rd. 53,4 Prozent

[15] Vgl. „Wirtschaft und Statistik", a.a.O., Heft 3, 1961, S. 151.

1957 und rd. 48,9 Prozent 1960. Absolut stiegen diese Ausgaben dagegen — bis 1957 insbesondere auf Grund der Rentenentwicklung — stark an, von 1950 = 100 auf 224 1957 und 275 1960.

An der Entwicklung dieses Teils der Staatsausgaben prägt sich die besondere Lage des deutschen Imperialismus nach dem zweiten Weltkrieg deutlich aus — wir werden darauf weiter unten noch näher eingehen. Einerseits an dem Zwang, den Massen ökonomische Zugeständnisse zu machen und andererseits an dem ab 1957 verstärkt einsetzenden Ausbau des staatlichen Machtapparates. Letzteres kommt an der Entwicklung des staatlichen Sachverbrauches zum Ausdruck.

Der Teil der Staatsausgaben, der Verbrauch von Waren und Dienstleistungen darstellt — einschließelich langlebiger militärischer Güter —, blieb bis 1957 hinter der Entwicklung des oben angeführten Teiles zurück, erhöhte sich dann aber sprunghaft; er stieg, 1950 = 100, bis 1957 auf 183 und bis 1960 auf 277. Der Anteil dieser Ausgaben an den Staatseinnahmen fiel von 25,1 Prozent 1950 auf 18,9 Prozent 1957 und stieg dann bis 1960 wieder auf 21,4 Prozent. Diese Erhöhung ist in allererster Linie auf die verstärkt einsetzende Aufrüstung zurückzuführen.

Der restliche Teil der Staatseinnahmen dient direkt oder indirekt, in der einen oder anderen Form, der Kapitalakkumulation. Neben politischen Gründen hatte es daher auch recht zwingende ökonomische Ursachen, daß die deutsche Monopolbourgeoisie die Aufrüstung bis 1957 nicht intensiver betrieb. Aus der besonderen Lage des deutschen Imperialismus heraus waren einerseits die Akkumulationsbedürfnisse des Monopolkapitals enorm groß und andererseits ökonomische Zugeständnisse an die Werktätigen für die Monopolbourgeoisie unvermeidlich. Daher die zeitweilig nur beschränkte Ausdehnung des staatlichen Sachverbrauches. Die von Karl Marx gezeigte zusätzliche Beschränkung der gesellschaftlichen Konsumtionskraft und ihrer Entwicklung durch den Akkumulationstrieb des Kapitals machte sich bis 1957 deutlich in dieser Form bemerkbar (vgl. Tabelle 6, S. 198).

Der Anteil der staatlichen Mittel, die der Kapitalakkumulation zufließen, an den Staatseinnahmen erhöhte sich von 16,9% 1950 auf 27,7% 1957 und 29,7% 1960. Ihre Bedeutung wird noch sichtbarer, wenn man sie in Beziehung zum Nationaleinkommen setzt; ihr Anteil am Nationaleinkommen betrug 1950 6,9 Prozent, 1957 12,3 Prozent und 1960 13,5 Prozent.

Dabei wird der staatsmonopolistische Charakter dieses Fonds in seiner Aufschlüsselung (vgl. Tabelle 3b, S. 195) sogar nur ungenügend sichtbar. Von den direkt den Unternehmen zufließenden Summen wird dort mit den Subventionen, Zinsen und dergl. nur ein Teil erfaßt.[16] Wesentliche Teile werden hier gar nicht erkennbar, z. B. Frachtbeihilfen, Übernahme von „Soziallasten" (die sicherlich als „lfd. Übertragungen an private Haushalte" erscheinen) usw. Immerhin erhöhten sich die hier ausgewiesenen, den Unternehmen direkt zufließenden

[16] Diese Teile der Staatsausgaben werden sicherlich auch ungenau ausgewiesen. Das muß zwar noch untersucht werden. Man schätzt jedoch allein die dem Ruhrbergbau in den letzten Jahren zugeflossenen direkten und indirekten Subventionen auf etwa 2 Mrd. Mark jährlich. Das übersteigt bei weitem die oben ausgewiesene Summe. Vgl. auch „Der Spiegel", Hamburg, Nr. 21 vom 22. 5. 1963, S. 45.

Mittel auf, 1950 = 100, 284 1957 und 423 1960. Symptomatisch für den Charakter dieses Fonds ist auch die Entwicklung des staatlichen Kapitalsexports, dessen Umfang sich bis 1960 weit mehr als verfünffachte. Ein Teil dieser Mittel fließt den Monopolen weiterhin in Kreditform zu, dient ihrer Expansion durch die sogenannten Infrastrukturinvestitionen, d. h. Aufschließung der Baugelände, Verkehrs- und Nachrichteninvestitionen usw. usw.

Das westdeutsche Monopolkapital verfügt mit seinem Staat also über einen Apparat, der nicht allein ihr Herrschaftsinstrument ist, sondern den sie auch für ihre spezifischen ökonomischen Zwecke einsetzt. Der imperialistische Staat spielt eine zunehmende Rolle im Ausbeutungsprozeß selbst. Über ihn zieht die Monopolbourgeoisie Teile des Lohnes der Werktätigen — und zwar über ihren eigenen, unmittelbaren Ausbeutungsbereich hinausgehend —, des Mehrprodukts der einfachen Warenproduzenten und des Mehrwerts der nichtmonopolisierten Bourgeoisie an sich und macht sie sich sowohl zur Sicherung ihrer Herrschaft als auch für ihre Akkumulations- und Expansionsbedürfnisse nutzbar. Rund 17—30 Prozent der gesamten Staatseinnahmen erscheinen während der untersuchten Periode als ein riesiger zentraler Akkumulationsfonds der Monopolbourgeoisie.

Diese besondere Rolle des imperialistischen Staates im Ausbeutungsprozeß erklärt den auffallenden Widerspruch zwischen der Verteilungs- und Verwendungsrechnung des Nationaleinkommens (vgl. Tabelle 5 und 6). Erstere weist aus, daß der Anteil der „Nettoeinkommen aus Unternehmertätigkeit und Vermögen" am Nationaleinkommen von 1950—1960 beträchtlich gesunken, während der des für staatliche Sachausgaben und Investitionen verfügbaren Einkommens ebenso beträchtlich gestiegen ist. Normalerweise müßte sich das auch entsprechend in der Verwendungsrechnung niederschlagen. Diese, die den kapitalistischen bzw. eben den staatsmonopolistischen Charakter des ganzen Prozesses deutlicher sichtbar werden läßt, weist dagegen umgekehrt eine erhebliche Steigerung der privaten Kapitalakkumulation aus, hinter der sowohl die Ausdehnung der staatlichen Sachausgaben als auch der staatlichen Investitionen erheblich zurückgeblieben ist. Die Akkumulation des Monopolkapitals war denn auch die entscheidende Triebkraft der Nachkriegsentwicklung der westdeutschen Produktion.

Wenn man die Nachkriegsentwicklung in Westdeutschland an Hand der Kennziffern der volkswirtschaftlichen Gesamtrechnungen untersucht und einschätzt, so zeigt sich, daß es die der erweiterten Reproduktion des Kapitals immanenten Triebkräfte waren, die die Produktionsentwicklung bestimmten. Sie erhielten, aus der besonderen Situation heraus, in der sich der deutsche Imperialismus befand, noch eine starke, zusätzliche Wirkungskraft; darauf ist es zurückzuführen, daß sich die Produktion in Westdeutschland schneller entwikkelte, als in anderen imperialistischen Ländern.

Am Ende des zweiten Weltkrieges war der deutsche Imperialismus zerschlagen. Das Kräfteverhältnis zwischen Kapital und Arbeit hatte sich in der Welt und in Deutschland selber sehr erheblich verändert und veränderte sich in der nachfolgenden Periode weiter durch die Herausbildung des sozialistischen Lagers und, in Deutschland, durch die Entmachtung des Monopolkapitals in einem Teile Deutschlands. Durch die Spaltung des Landes gelang es den imperialistischen Mächten und der deutschen Monopolbourgeoisie, die Existenz des kapitalistischen Systems in Westdeutschland zu retten. Dort blieben die ökonomischen Wurzeln erhalten, die die Wiedererhebung des deutschen Imperialismus ermöglichten.

Aus diesem Prozeß der Wiedererrichtung des deutschen Imperialismus ergab sich der Umfang der Kapitalakkumulation und damit auch des Reproduktionsprozesses des fixen Kapitals als der wesentlichsten materiellen Grundlage des Produktionsaufschwunges. Unmittelbar nach der Spaltung Deutschlands und der Sicherung der Existenz des kapitalistischen Systems erstanden aus den Kriegszerstörungen, den Demontagen, den Disproportionen der westdeutschen Industrie usw. Anreize zur erweiterten Reproduktion des Kapitals. Dadurch war der erste Anstoß zur Ausdehnung der Gesamtproduktion gegeben. Danach wurde der Umfang und das Wachstum der Akkumulation von den spezifischen Bedürfnissen der Wiedererlangung und des Ausbaus der alten Machtpositionen des deutschen Monopolkapitals bestimmt. Dazu gehörte der Ersatz des fixen Kapitals, d. h. die Modernisierung der Betriebe, der Ausbau führender Industriezweige (einschließlich der entsprechenden Umstrukturierung der Konzerne) und schließlich die Exportexpansion. Eine enorme Kapitalakkumulation bildete daher Moment und zugleich Voraussetzung der Wiedererrichtung des deutschen Imperialismus in Westdeutschland. Durch diese spezifischen Bedürfnisse wurde die Akkumulationskraft des deutschen Monopolkapitals zugleich auch so angespannt, daß es der ökonomischen Expansion einstweilig den Vorrang vor der militärischen gab. Die Monopolbourgeoisie hatte in dieser Beziehung auch zunächst gar keine Wahl. Die Wiedererstehung des deutschen Imperialismus vollzog sich unter den Bedingungen des schärfsten Klassenkampfes. Dabei spielte vor allem eine wichtige Rolle, daß der Imperialismus in einem Teile Deutschlands, der Deutschen Demokratischen Republik, endgültig beseitigt worden war und dort mit dem Aufbau des Sozialismus begonnen wurde. Unter diesen Umständen konnte die Monopolbourgeoisie im Interesse der Sicherung und Festigung ihrer Herrschaft dem Lohnkampf der Werktätigen keinen entscheidenden Widerstand leisten; sie war zu ökonomischen Zugeständnissen gezwungen. Es ging in dieser ersten Periode über ihre Kraft, aus den Werktätigen die Kosten ihrer ökonomischen und zugleich die ihrer militärischen Expansion herauszupressen. Ab 1957 gesellte sich dann zur ökonomischen auch die verstärkte militärische Aufrüstung des westdeutschen Imperialismus. Dies alles stimulierte die Entwicklung der Produktion in Westdeutschland in besonderem Maße.

Entscheidend war die Kapitalakkumulation. Sie setzte sich unmittelbar und auch indirekt — über den gesellschaftlichen Zusammenhang der Produktion — um in eine erhebliche Ausdehnung der Gesamtproduktion, die ihrerseits wiederum der Akkumulation des Kapitals neue Anregungen gab. Dieser Prozeß wird an den Kennziffern der volkswirtschaftlichen Gesamtrechnung recht einprägsam sichtbar. Vor allem an zwei Positionen: der vorrangigen Entwicklung der Investitionen und der Ausdehnung der Werktätigeneinkommen (als Ausdruck der Beschäftigungsentwicklung).

Die Investitionen, insbesondere die privaten Nettoinvestitionen, erhöhten sich weitaus schneller als alle anderen Kennziffern des gesellschaftlichen Gesamtprodukts. Mit den Investitionen kann man zwar nur die Entwicklung des fixen Teils des konstanten Kapitals erfassen, aber ihre Ausdehnung veranschaulicht sehr gut die Dynamik der Kapitalakkumulation und ihres Einflusses auf die

Gesamtentwicklung. Während des gesamten Zeitraumes von 1950—1960 stieg allein der Anteil der Investitionen am Nationaleinkommen gleichmäßig und ununterbrochen. Der Anteil der privaten Nettoinvestitionen erhöhte sich von 8,2 Prozent 1950 auf 13,0 bzw. 15,1 Prozent 1957 bzw. 1960. Allein schon von dieser Ausdehnung des Reproduktionsprozesses des fixen Kapitals gingen beträchtliche Anregungen zur Ausdehnung der Beschäftigung und der Produktion von zirkulierenden Bestandteilen des konstanten Kapitals aus.

Die Kapitalakkumulation beinhaltet aber nicht nur Ausdehnung des fixen Kapitals, sondern auch des zirkulierenden konstanten und variablen Kapitals. Von der Entwicklung aller dieser Teile strahlen wiederum Impulse auf die Gesamtentwicklung der Produktion aus. Sie wirken außerdem in ständiger Wechselwirkung aufeinander ein. Die Steigerung der Produktion von zirkulierendem konstantem Kapital beinhaltet ebenso die Ausdehnung der Beschäftigung und der Produktion von fixen Kapitalbestandteilen, wie diese wiederum die Erhöhung der Produktion von Produktionsmitteln anregt. Alle diese Zusammenhänge werden in den volkswirtschaftlichen Gesamtrechnungen direkt nicht sichtbar. Wie stark aber jede Erhöhung der Investitionen oder der Konsumtion auf die Steigerung der Produktion von Produktionsmitteln (cz) wirken muß, zeigen die Größenrelationen des gesellschaftlichen Gesamtproduktes (Tabelle 7). Rund 66 Prozent des Gesamtproduktes besteht aus Elementen des zirkulierenden konstanten Kapitals. Die Größenrelation bleibt auch eindrucksvoll genug, wenn wir der Schätzung die Materialverbrauchskennziffer der DDR-Statistik von rund 40 Prozent zugrunde legen.

Etwas genauer läßt sich die mit der Akkumulation des Kapitals verbundene Entwicklung der Beschäftigung und damit der Konsumtionskraft der Werktätigen nachweisen. Die Zahl der „unselbständig Tätigen" in der westdeutschen Volkswirtschaft erhöhte sich von 100 1950 auf 134 1957 und 142 1960.[17] Die Auswirkungen dieser Entwicklung auf die der Werktätigeneinkommen und damit die Stimulierung der Produktion war aber weitaus größer, als es hier in den Beschäftigtenzahlen zum Ausdruck kommt. Das „Nettoeinkommen aus unselbständiger Arbeit" im Sektor „Unternehmen", wie es in der volkswirtschaftlichen Gesamtrechnung ausgewiesen wird — also einschließlich eines beachtlichen Anteils von Kapitalrevenue — erhöhte sich von 1950—1957 um rund 130 Prozent und bis 1960 nochmals um rund 27 Prozent. Der Anteil dieses Einkommens am Nationaleinkommen erhöhte sich von 33,2 Prozent 1950 leicht auf 33,8 Prozent 1957 und sank erst dann rapide unter den Stand von 1950, auf 32,9 Prozent 1960. Für diese Entwicklung waren hauptsächlich drei Gründe ursächlich.

Erstens war die Kapitalakkumulation vor allem Akkumulation des Monopolkapitals, d. h. mit ihr war auch eine, den Konzentrationsprozeß begleitende, Strukturveränderung der westdeutschen Volkswirtschaft verbunden, die an der Oberfläche bereits darin ihren Ausdruck findet, daß sich die Zahl der in der Industrie Beschäftigten weit überdurchschnittlich erhöhte; von 1950 = 100 auf 150 1957 und 158 1960.[18] In der Industrie liegen die Löhne aber höher als in

[17] Berechnet nach Statistisches Jahrbuch für die BRD, a.a.O., 1955, S. 119, 1959, S. 121 und 1961, S. 147.

[18] Berechnet nach Statistisches Jahrbuch für die BRD, a.a.O., 1961, S. 208.

den anderen Bereichen. Zweitens: Als wichtiges Moment muß man betrachten, daß das Lohnniveau in Westdeutschland 1950 — als Folge der unerhörten Verelendung der Werktätigen während und unmittelbar nach dem Kriege — außergewöhnlich niedrig war und weit unter dem zur normalen Reproduktion der Arbeitskraft notwendigen Stand lag. Erst 1955 wurde das Vorkriegsniveau des Reallohnes annähernd wieder erreicht. Drittens: Ein wichtiges Moment war die geschwächte Stellung der Monopolbourgeoisie im Lohnkampf durch die in bisher ungekanntem Maße labile Lage des imperialistischen Systems und den Aufbau des Sozialimus in der DDR.

Der letzte Punkt spielt für die Entwicklung der Masseneinkommen ohne Zweifel eine wichtige Rolle. Es wäre jedoch verkehrt, sie allein darauf zurückzuführen. Die Gesamtsituation der Arbeiterklasse war während dieser Periode für den Lohnkampf relativ günstig. Die Beschäftigung nahm durch die Akkumulation des Kapitals zu, und zwar in besonders starkem Maße, weil die Entwicklung der Produktivkräfte bis 1957 durch die kapitalistische Zersplitterung der Produktion verhältnismäßig stark gehemmt wurde. Infolgedessen verringerte sich die industrielle Reservearmee und ab 1957 machte sich sogar zunehmend ein Arbeitskräftemangel bemerkbar. Ferner verfügte die westdeutsche Arbeiterklasse über starke, einheitliche Gewerkschaften usw. Alle diese Faktoren spielten eine große Rolle und zu ihnen traten als neue, wirksame Faktoren der Einfluß der DDR und die Veränderung des Gesamtkräfteverhältnisses noch hinzu.

Hinzu kommt weiterhin, daß die Monopolbourgeoisie bislang auch zu einem entscheidenden Widerstand gegen den Lohnkampf der Werktätigen noch gar nicht unmittelbar gezwungen war. Erstens, weil der niedrige Ausgangspunkt des Lohnniveaus ihre Konkurrenzfähigkeit auf dem Weltmarkt sicherte. Zweitens und vor allem aber, weil sich trotz der Ausdehnung der Gesamtlohnsumme der Ausbeutungsprozeß ununterbrochen verstärkte. Das zeigt sich daran, daß sich der bis 1957 geringfügig gestiegene und bis 1960 sogar relativ stark gesunkene Anteil der „Nettoeinkommen aus unselbständiger Arbeit" im Sektor „Unternehmen" am Nationaleinkommen jeweils auf eine sehr viel größere Zahl von Beschäftigten verteilte. Drittens schließlich — und das ist besonders interessant — weil die Monopolbourgeoisie, gewissermaßen als Ausgleich, die Ausdehnung der parasitären Schichten in bestimmten Grenzen hielt, so daß sich der Anteil des gesamten „Nettoeinkommens aus unselbständiger Arbeit" am Nationaleinkommen von 41,4 Prozent 1950 auf 41,2 Prozent 1957 und 39,9 Prozent 1960 verringerte. Hier zeigt sich also ein ähnlicher Einfluß des Akkumulationstriebs des Kapitals, wie er oben schon an der Entwicklung des staatlichen Sachverbrauchs sichtbar wurde.

In jedem Falle schuf die Entwicklung der Beschäftigung und entsprechend der Masseneinkommen eine breitere Basis für die Gesamtentwicklung der Produktion. War das anfänglich unerhört niedrige Lohnniveau die Quelle der enormen Akkumulation des Monopolkapitals, so mußte seine Veränderung ihrerseits Antrieb zur weiteren Kapitalakkumulation und damit Ausdehnung der Produktion werden.

Von großer Bedeutung für die Entwicklung der westdeutschen Produktion in der Zeit von 1950—1960 war schließlich auch der Export. In dem in den Tabellen ausgewiesenen sogenannten „Außenbeitrag", der nur den Außenhandelsüberschuß, bzw. 1950 das Defizit, ausweist, wird die Bedeutung des Exportes nicht voll sichtbar. Die folgenden Größen vermitteln ein besseres Bild.

Tabelle 11

Der Export Westdeutschlands 1950, 1957 und 1960, in Mill. DM, und seine Größe im Verhältnis zum gesellschaftlichen Gesamtprodukt und zum Nationaleinkommen, in Prozent; Index der Exportentwicklung 1950 = 100

	1950	1957	1960
1. Export in Mill. DM[a]	11810	52320	68770
2. Größe im Verhältnis zum ges. Gesamtprod. in %	4,4	8,8	9,1
3. Größe im Verhältnis zum National-einkommen in %	14,9	29,1	29,2
4. Index	100	443	582

[a] Quelle: Stat. Jahrbuch f. d. Bundesrepublik, a. a. O., 1962, S. 557; „Verkäufe an die übrige Welt" des „Sektors Unternehmen".

Der Export dehnte sich also, besonders bis 1957, sehr viel schneller aus als selbst die privaten Nettoinvestitionen oder gar der private und „gesellschaftliche" Verbrauch. Sein Umfang kennzeichnet u. a. den Grad, in dem die Produktion, bei dem gegebenen Stand der Produktivkräfte und der Konzentration der Produktion, über die nationalen Grenzen Westdeutschlands hinausgewachsen ist. Aus diesem Grund bildete die Exportoffensive des deutschen Monopolkapitals eine wesentliche Voraussetzung der Wiedereroberung seiner alten Machtpositionen. Ohne die Exportexpansion war auf längere Sicht weder die profitable Ausnutzung der gegebenen Produktivkräfte noch eine breitere Einführung der modernen Technik möglich. Von ihrem Erfolg, von der Eroberung und Sicherung ausländischer Märkte, hing daher die ökonomische Stärke und die internationale Konkurrenzkraft des westdeutschen Monopolkapitals sehr wesentlich ab.

Wir können auf die Bedeutung des Exports hier nur hinweisen. Soviel ist noch zu sagen: Durch den Umfang des Exports wird die Bedeutung der anderen, bisher angeführten Prozesse für die Entwicklug der Gesamtproduktion nicht wesentlich vermindert — sie bleiben entscheidend. Durch die Einbeziehung des Außenhandels verlagert sich das ganze Geschehen gewissermaßen auf eine größere, übernationale Ebene. Aber diese anderen Faktoren und Prozesse hätten nicht in dem Maße wirksam werden können, wie dies der Fall war, wenn die Exportexpansion des westdeutschen Monopolkapitals erfolglos geblieben wäre. Diese Expansion stimulierte die weitere Reproduktion beträchtlich, und sie trug dazu bei, daß sich die Basis für eine breitere Einführung moderner Produktionsinstrumente und Produktionsverfahren herausbildete, denn ein großer und relativ sicherer Markt ist die Voraussetzung der profitablen Anwendung moderner Massenproduktionsverfahren. Sie trug so auch wesentlich dazu bei, daß trotz der Entfaltung der Widersprüche der kapitalistischen Produktion bis 1957 Faktoren entstanden, die den weiteren Aufschwung stimulierten.

Wie die Zahlen der Verwendungsrechnung (Tabelle 6) ausweisen, hatten sich die Widersprüche der kapitalistischen Produktion bis 1957 schon in beachtlichem Maße entfaltet. Das zeigt sich nicht allein an dem bis dahin von 86,0 Prozent drastisch auf 75,9 Prozent gesunkenen Anteil des privaten und „gesellschaftlichen" Verbrauchs am Nationaleinkommen, sondern auch an anderen Kennziffern. Die Zunahme der staatlichen Kapitalexporte ist ein Zeichen dafür, daß sich bereits relativ überschüssiges Kapital herauszubilden begann. Auch der Exportüberschuß hatte schon ein sehr hohes Niveau. Exportüberschuß und Vorräte an Fertigerzeugnissen erreichten 1957 immerhin die Höhe von 6 Prozent des Nationaleinkommens. Die disproportionale Entwicklung wird in den volkswirtschaftlichen Gesamtrechnungen an der Investitionsentwicklung sichtbar, die die übermäßige Ausdehnung der entsprechenden Industriezweige zum Ausdruck bringt. Daraus läßt sich wiederum auf die Entwicklung der Produktion von Produktionsmitteln ganz allgemein schließen. Führt der Reproduktionsprozeß des fixen Kapitals durch die Umschlagsbesonderheiten dieser Elemente bereits gesetzmäßig zur übermäßigen Ausdehnung der entsprechenden Zweige, so wurde dieser Prozeß durch die Exportexpansion noch verstärkt. Der Anteil der Elemente des fixen Kapitals am schnell wachsenden Gesamtexport erhöhte sich von rund 43,9 Prozent im Jahre 1950 auf rund 60,7 Prozent 1957 und rund 61,8 Prozent 1960.[19]

Dennoch kam es nicht zu einem schärferen, langandauerndem Aufklaffen der Widersprüche der kapitalistischen Produktion. Verschiedene Gründe sind dafür ursächlich. Als wichtigste Ursache ist die anhaltende Kapitalakkumulation zu nennen. Sie erhielt hauptsächlich durch zwei Faktoren Anregungen: Erstens, durch die nunmehr stärker einsetzende Entwicklung der Produktivkräfte, die den Reproduktionsprozeß des fixen Kapitals stimulierte. Zweitens, durch die nunmehr schneller steigenden staatlichen Ausgaben, d. h. sowohl der staatlichen Investitionen als auch des staatlichen Sachverbrauchs.

Bis 1957 hatte die erweiterte Reproduktion des Kapitals noch nicht zu einer breiten Einführung der modernsten Produktionsinstrumente und -verfahren in die Produktion geführt. Neue, umwälzende technische Verfahren waren in der Zwischenzeit aber bereits vereinzelt und zögernd eingeführt worden, besonders in den sich am schnellsten ausdehnenden Zweigen. Ihrer breiten Anwendung standen die durch die kapitalistischen Produktionsverhältnisse bedingten Schranken entgegen; vor allem die Zersplitterung der Produktion, durch die die Fertigungsserien den für die profitable Anwendung der neuen Massenproduktionsverfahren notwendigen Umfang nur schwer erreichen konnten. Auf jeden Fall aber hatten diese technischen Verfahren bereits vor 1957 eine Produktionsreife erlangt, die ihre breite Anwendung technisch durchaus ermöglichte.

Jeder Anstoß, den die Entwicklung der Produktivkräfte erhielt, mußte daher der Kapitalakkumulation neuen Auftrieb geben. Bis 1957 hatte sich eine Vielzahl derartiger Faktoren angesammelt. Sie können hier nur stichwortartig erwähnt werden. Erstens hatten erweiterte Reproduktion und Exportexpansion zu einer Produktionsausdehnung geführt, die die Grundlage zu einer profitablen Anwendung der modernen Produktionsverfahren bot. Zweitens hatte der erfolgreiche Kampf der Arbeiter dazu geführt, daß das westdeutsche Lohnniveau sich dem in den hauptsächlichen imperialistischen Ländern anglich. Drittens er-

[19] Berechnet nach Statistisches Jahrbuch für die BRD, a.a.O., 1952, S. 243ff., 1961, S. 304 und 1963, S. 316.

kämpften sich die Arbeiter 1957 Arbeitszeitverkürzungen. Viertens machte sich ab 1957 ein zunehmender Arbeitskräftemangel bemerkbar, so daß das Kapital in der Folgezeit, als die Produktion wieder stärker stieg, zu weiteren Lohnzugeständnissen bereit sein mußte. Schließlich, fünftens, wurde 1957 der Vertrag über die „Europäische Wirtschaftsgemeinschaft" unterzeichnet. Die Beseitigung bestimmter nationalstaatlicher Schranken mußte einerseits zu einer Verschärfung der internationalen Konkurrenz führen, sie entfernte andererseits Hemmnisse, die bisher der weiteren Vertiefung der gesellschaftlichen Arbeitsteilung, d. h. der Entwicklung der Produktivkräfte im Wege standen. Für den Erfolg des Konkurrenzkampfes im EWG-Raum mußte die ökonomische Stärke der Konkurrenten nach und nach an Bedeutung gewinnen.

Die Einführung der modernen Technik setzte daher in breitem Maße erst ab 1957 ein. An Hand der Kennziffern der volkswirtschaftlichen Gesamtrechnungen wird das nur indirekt sichtbar. Es zeigt sich daran, daß sich erst ab 1957 das Nationaleinkommen — also der Neuwert — wesentlich schneller ausdehnte als das gesellschaftliche Gesamtprodukt (vgl. Tabelle 9, S. 200). Weiter zeigt es sich an dem relativen Rückgang der Werktätigeneinkommen bei steigendem Nationaleinkommen. Die breitere Einführung moderner Technik bewirkte, daß die Investitionen 1957/58 auf hohem Niveau stagnierten und anschließend weiter erheblich stiegen. Der Reproduktionsprozeß des fixen Kapitals blieb daher von seinem Umfang und seiner Entwicklung her die entscheidende Triebkraft der Produktionsausdehnung.

Hinzu kam die Steigerung der Staatsausgaben. Absolut gesehen war die Erhöhung der staatlichen Sachausgaben ab 1957 von größerer Bedeutung als die der staatlichen Investitionen. Letztere entwickelten sich aber schneller. Das war hauptsächlich auf die Notwendigkeit zurückzuführen, die sogenannte „Infrastruktur", die seit 1937/38 nur im notwendigsten Maße entwickelt worden war, den veränderten Bedingungen der gesellschaftlichen Produktion anzupassen. Die Steigerung des staatlichen Sachverbrauchs ist dagegen in erster Linie der Aufrüstung zuzuschreiben. Nachdem das deutsche Monopolkapital seine alten ökonomischen Machtpositionen wiedererobert hatte, ging es nunmehr dazu über, auch seine alte militärische Machtposition wieder zu errichten, sowohl um sein Gewicht innerhalb des imperialistischen Lagers zu erhöhen, als auch um seine revanchistischen Expansionsbestrebungen durchsetzen zu können.

Diese Entwicklung hatte zur Folge, daß die Beschäftigung von 1957 bis 1960 nochmals um rund 6 Prozent stieg. Auch die absolute Summe der Masseneinkommen erhöhte sich weiterhin nicht unbeträchtlich. Allerdings prägt sich sogar in den westdeutschen volkswirtschaftlichen Gesamtrechnungen, die die relative Entwicklung der verschiedenen Größen nur sehr verzerrt wiedergibt, ein verhältnismäßig scharfer Rückgang des Anteiles der Masseneinkommen am Nationaleinkommen aus, d. h. trotz der Steigerung der Masseneinkommen verstärkte sich mit der Entwicklung der Produktivkräfte die Ausbeutung sehr viel schneller als im vorangegangenen Zeitraum.

Obgleich sich die Widersprüche der kapitalistischen Produktion bis 1957 entfalteten, waren die mit der Wiedererrichtung des deutschen Imperialismus zusammenhängenden Faktoren, die die Produktionsausdehnung stimulierten, noch nicht erschöpft, bzw. es hatten sich neue Faktoren herausgebildet, die den weiteren Aufschwung anregten. Aber das Bild der Gesamtentwicklung war nach 1957 ein anderes als vorher.

Tabelle 12

Indizes der Entwicklung verschiedener Kennziffern des Nationaleinkommens 1950—1957 und 1957—1960; 1950 und 1957 jeweils = 100

	1950	1957	1957	1960
Private Nettoinvestitionen	100	357	100	152
Staatliche Investitionen	100	284	100	152
Nationaleinkommen	100	225	100	131
Staatl. Sachverbrauch[a)]	100	185	100	148
Nettoeink. aus unselbst. Arbeit	100	225	100	127
Lfd. Übertr. an private Haush.	110	232	100	122

a) „Gesellschaftlicher" Verbrauch.

In beiden Zeiträumen erscheint als entscheidendes Moment der Produktionsausdehnung die Entwicklung der Investitionen, wobei die staatlichen Investitionen in der ersten Periode weit langsamer stiegen als die privaten Nettoinvestitionen. Bei den Masseneinkommen einerseits und dem staatlichen Sachverbrauch[20] andererseits kehrt sich die Entwicklung in den beiden Perioden jedoch um. Im Gegensatz zur Zeit von 1950—1957 bleibt 1957—1960 die Entwicklung der Masseneinkommen hinter der des Nationaleinkommens zurück, während ein schnell wachsender Teil desselben von der Monopolbourgeoisie dem parasitären Verbrauch zugeführt wird. Dementsprechend sinkt der Anteil des privaten Verbrauchs am Nationaleinkommen von 66,1 Prozent 1957 auf 63,0 Prozent 1960 und der des Staatsverbrauchs steigt von 9,8 auf 11,1 Prozent. Faßt man den staatlichen und den privaten Verbrauch zur Gesamtkonsumtion zusammen, so wurde der relative Rückgang der Gesamtkonsumtion durch den steigenden Staatsverbrauch nach 1957 abgebremst; ihr Anteil am Nationaleinkommen sank von 86,0 Prozent 1950 auf 75,9 Prozent 1957 und dann nur auf 74,1 Prozent 1960.

Es scheint also zunächst so, als hemme der wachsende Staatsverbrauch die Entfaltung der Widersprüche der kapitalistischen Produktion, indem er das Zurückbleiben der Konsumtion hinter der Produktionsausdehnung verringert. Das ist in gewissem Sinne auch der Fall. Vor allem, weil dadurch größere Teile der Gesamtkonsumtion auf Produktionszweige verlagert werden, die sich gesetzmäßig übermäßig entwickeln und deren Erzeugnisse normalerweise nicht oder nur beschränkt in die individuelle Konsumtion eingehen können.

Tatsächlich wird dadurch zwar das offene Aufklaffen der Widersprüche zeitweilig verhindert, aber zugleich ihre Entfaltung verstärkt. Das ist zumindest dann der Fall, wenn der steigende parasitäre Verbrauch gleichzeitig der Akkumulation des Kapitals neuen Auftrieb verleiht, weil ihr Schwerpunkt dann

[20] Es handelt sich um den sogenannten „gesellschaftlichen" Verbrauch. Da jedoch in dieser Kennziffer der staatliche Sachverbrauch den weitaus größten Anteil hat und vor allem die Entwicklung dieser Kennziffer bis 1960 wesentlich bestimmte, sprechen wir im folgenden Abschnitt nur vom staatlichen Sachverbrauch.

gerade verstärkt in die sich übermäßig entwickelnden Zweige verlegt wird. Eben dies zeigen die Zahlen der Tabelle 12 auch an. Gleichzeitig muß sich das relative Zurückbleiben der Massenkonsumtion hinter der Produktionsentwicklung beschleunigen. Auch dies wird in den Tabellen ersichtlich. Es ist auch theoretisch klar. Staatsverbrauch und Akkumulation des Kapitals werden aus dem Mehrwert gespeist. Beide können nur dann gleichzeitig steigen, wenn sich der Mehrwert erhöht. Ihre Steigerung muß sich also – bestenfalls – in einer Senkung des Anteils der werktätigen Massen am Nationaleinkommen auswirken.

Die Verlagerung des Schwergewichts der Kapitalakkumulation auf die sich bereits gesetzmäßig übermäßig entwickelnden Zweige ist an der Produktionsentwicklung deutlich ablesbar. Während die Produktion der Investitionsgüterindustrien von 1950–1957 um 151 Prozent stieg, erhöhte sich die der Verbrauchsgüterindustrien und der Nahrungs- und Genußmittelindustrien um 85 bzw. 93 Prozent. Die Investitionsgüterindustrien entwickelten sich also knapp doppelt so schnell, wie die Konsumgüterindustrien. Von 1957–1960 stieg die Produktion der Investitionsgüterindustrien um rund 34 Prozent, die der Verbrauchsgüterindustrien um rund 14 Prozent, die der Nahrungs- und Genußmittelindustrien um rund 11 Prozent, d. h. die Investitionsgüterindustrien entwickelten sich fast im dreifachen Tempo wie die Konsumgüterindustrien.[21] Die Widersprüche der kapitalistischen Produktion entfalten sich also trotz des steigenden Staatsverbrauchs, zumindest in ihren entscheidenden Seiten und obwohl ihr offenes Aufklaffen hinausgeschoben wird.

Etwas anders ist dies Problem gelagert, wenn die normalen Auftriebsfaktoren der kapitalistischen Konjunktur erschöpft sind und die Erhöhung des staatlichen Verbrauchs nur den Rückgang der Investitionen oder der privaten Konsumtion ausgleichen soll, um die Folgen abzufangen, die sich daraus – in Kettenreaktion – für die gesamte Produktionsentwicklung ergeben. Dieser Situation scheint sich der Reproduktionsprozeß des Kapitals in Westdeutschland gegenwärtig zu nähern und das ist zugleich das Besondere an der gegenwärtigen Entwicklung im Vergleich zu den Krisenerscheinungen der Jahre 1952/53 und 1957/58. Es handelt sich also faktisch um die Frage, kann der Imperialismus durch parasitären Verbrauch eines Teils des enorm hohen Mehrwerts Wirtschaftskrisen verhindern.

Das Material der volkswirtschaftlichen Gesamtrechnungen reicht nicht aus, um zu dieser Frage mehr als hinweisende Aussagen zu machen. Man muß bedenken, daß sich unter diesen Umständen die gesamte wirtschaftliche Situation verändert, und diese Veränderungen sind in ihrer Bedeutung und ihrem Umfang aus dem bisherigen Material nicht vorausschätzbar. Erreicht die Entfaltung des Widerspruchs zwischen Produktion und Markt und die disproportionale Entwicklung der Produktion einen solchen Höhepunkt, daß der Fall der Profitrate einsetzt – und das war in Westdeutschland bis 1962 in größerem Umfange nicht der Fall –, so ergeben sich völlig neue Momente, die sich sowohl auf die Kapitalakkumulation als auch auf die Entwicklung des staatlichen Verbrauchs auswirken müssen. Diese Auswirkungen und ihr Einfluß sind beim gegenwärtigen Stand der Untersuchungen noch nicht abzuschätzen. Immerhin

[21] Berechnet nach Statistisches Jahrbuch für die BRD, a. a. O., 1961, S. 221.

ergeben sich aus den Größenordnungen, die die volkswirtschaftlichen Gesamtrechnungen offenbaren, auch zu dieser Frage einige Hinweise.

Vergleichen wir einige Größen. Die Summe des Staatsverbrauchs war 1960 um 8520 Mill. DM höher als 1957, einschließlich der staatlichen Investitionen sogar um 11600 Mill. DM. In der gleichen Zeit stiegen die privaten Nettoinvestitionen um 12210 Mill. DM, die privaten Bruttoinvestitionen sogar um 16570 Mill. DM. Der Export erhöhte sich um 16450 Mill. DM. Die „Nettoeinkommen aus unselbständiger Arbeit" um 19980 Mill. DM und der gesamte private Verbrauch um 29760 Mill. DM.

Gewiß ist sowohl die Steigerung der Kapitalakkumulation als auch des privaten Verbrauchs zu einem Teil der Auswirkung des erhöhten Staatsverbrauchs auf die Entwicklung der Produktion zuzuschreiben. Aber ebenso gewiß ist auch, daß die Kapitalakkumulation — in der Notwendigkeit der Entwicklung der Produktivkräfte, in der Erhöhung des privaten Verbrauchs usw. — einen von der Steigerung des Staatsverbrauchs unabhängigen Stimulus besaß, der sehr wesentlich auf die Entwicklung der Produktion einwirkte. Die Bedeutung der Erhöhung des staatlichen Verbrauchs lag also wesentlich darin, daß sie *zusätzlich* zu den anderen Auftriebsfaktoren wirkte.

Was aber geschieht, wenn die Widersprüche der kapitalistischen Produktion sich voll entfalten? Wenn nicht nur Teilkrisen auftreten, die durch den Aufschwung in anderen Bereichen wettgemacht werden? Wenn der Export zurückgeht? Wenn die Entwicklung der Produktivkräfte einen Punkt erreicht hat, an dem die Ausdehnung der Beschäftigung einem Rückgang Platz macht, oder wenn die Konzentration der Produktion durch Vernichtung von Produktivkräften zur Voraussetzung der weiteren Entwicklung der Produktivkräfte wird? Was geschieht wenn die Profitrate fällt und der Akkumulationsdrang daraufhin erlahmt. Dieser Fall ist bisher noch nicht eingetreten, obgleich Anzeichen in dieser Richtung erkennbar werden. Man kann lediglich versuchen, den Einfluß staatlicher Ausgaben unter diesen Umständen durch eine modellartige Rechnung abzuschätzen.

Die Grundlage einer solchen Schätzung kann die Entwicklung im Bergbau und in der Eisen- und Stahlindustrie geben. Dabei ist natürlich zu berücksichtigen, daß die Krise in diesen Zweigen nicht in voller Schärfe zur Auswirkung kommt, weil das allgemeine Produktionsniveau sich weiter erhöht hat. Die Entwicklung in beiden Zweigen läßt jedoch interessante Schlüsse zu.

Im Kohlenbergbau setzte die Krise 1957 ein und sie dauert bis zur Gegenwart an. Infolge des weitergehenden allgemeinen Aufschwunges ist die Produktion seither nur verhältnismäßig geringfügig zurückgegangen. Die Investitionsentwicklung zeigt mit einem Rückgang der Investitionen um etwas mehr als 10 Prozent von 1957—1961 auch nicht den ausgeprägt scharfen Rückgang, der für den Reproduktionsprozeß des fixen Kapitals in der Krise typisch ist. Neben der gleichbleibenden Produktionshöhe ist dies in erster Linie darauf zurückzuführen, daß die moderne Technik im Kohlenbergbau bis 1957 nur in sehr geringem Maße eingeführt worden ist. Erst die Krise löste einen starken Rationalisierungsprozeß aus, der deshalb den Umfang der Investitionen auf relativ hohem Niveau hielt. Das Zusammenfallen von stagnierender Produktion — also dem Ende des Aufschwunges in diesem Zweig — und scharfen Rationalisierungsmaßnahmen führte jedoch zu einem starken Beschäftigungsrückgang. Die Zahl der Beschäftigten sank im Bergbau von 1957—1962 um rund 25 Prozent.[22]

Mit diesem Beschäftigungsrückgang erhalten wir einen Größenmaßstab für die Entwicklung bei offenem Aufklaffen der Widersprüche der kapitalistischen Produktion, der zweite ergibt sich, wenn man die Eisen- und Stahlindustrie betrachtet. In diesem Zweig machten sich 1957/58 ebenfalls Krisenerscheinungen bemerkbar und von 1957—1959 gingen die Investitionen um rund 14 Prozent zurück. Ab 1958 und bis 1960/61 stieg die Produktion infolge der weiterhin steigenden allgemeinen Kapitalakkumulation jedoch erneut relativ stark und 1960/61 erhöhten sich auch die Investitionen in der Eisen- und Stahlindustrie wieder erheblich. Hier dienten die Investitionen ebenfalls der breiten Einführung moderner Produktivkräfte in die Produktion. Dieser Prozeß war aber von einer Ausdehnung der Produktion begleitet und deshalb prägte sich in diesem Zweig kein starker Beschäftigungsrückgang aus. Auch das erneute Auftreten der Krisenerscheinungen 1961/62 führte noch nicht zu einem starken Rückgang der Beschäftigung.

In der Eisen- und Stahlindustrie wird jedoch ein neuer Faktor erkennbar. Bis 1961 wurde der Investitionsprozeß und die Entwicklung der Produktivkräfte dadurch bestimmt, daß jede Konzerngruppe ihre Anlagen erweiterte und in einem durch die Kapitalverwertung bestimmten Maße modernisierte. Unter den Bedingungen der Monopolherrschaft und staatsmonopolkapitalistischer Maßnahmen konnte jede Konzerngruppe bei der erweiterten Reproduktion zeitweilige Überkapazitäten in sogar relativ großem Ausmaße durchaus in Kauf nehmen. Nunmehr, mit der Verschärfung des Widerspruchs zwischen Produktion und Markt für diesen Bereich, ist die mit der Einführung moderner Produktionsverfahren verbundene Kapazitätserweiterung aber so groß, daß sie, von einer einzelnen Konzerngruppe allein durchgeführt, die Kapitalverwertung ernsthaft zu beeinträchtigen droht. Die Errichtung neuer, moderner Anlagen, der Übergang zu höheren Mechanisierungs- bzw. Automatisierungsstufen, erzwingt entweder die Stillegung alter Kapazitäten — ein Prozeß, der im Bergbau seit 1958 im Gange ist — oder sie ist nur noch von mehreren Konzernen gemeinsam durchführbar, die zusammen die Auslastung der neuen Anlagen in gewissem Maße garantieren können. Mit anderen Worten, die weitere Entwicklung der Produktivkräfte beginnt erneut fühlbar auf die Schranken zu stoßen, die ihr durch die Zersplitterung der kapitalistischen Produktion gesetzt sind. Unter dem Druck der Überkapazitäten einerseits und der Verschärfung der internationalen Konkurrenz andererseits, die die Entwicklung der Produktivkräfte erzwingt, schlossen bereits eine Reihe von Konzernen Verträge über die Koordinierung ihrer Investitionen und die gemeinsame Ausnutzung neuer, moderner Anlagen.[23] Durch diesen Prozeß muß sich die Gesamtsumme der Investitionen in der Tendenz drastisch verringern und sich die Erscheinung zeigen, die für den Reproduktionsprozeß des fixen Kapitals zu Beginn der Krise so typisch ist. Die tatsächliche Investitionsentwicklung in der Eisen- und Stahlindustrie in Westdeutschland, soweit Angaben darüber vorliegen, läßt dieses Bild noch nicht erkennen. Aber

[22] Berechnet nach Statistisches Jahrbuch für die BRD, a.a.O., 1959, S. 171, 1961, S. 209 und 1963, S. 222.

[23] Vgl. „Die Welt", Hamburg, vom 30. 3. 1962, S. 11 und vom 28. 9. 1962, S. 9.

die Größenordnungen, um die es sich dabei handelt, werden bereits in den Meldungen der Hohen Behörde der Montanunion sichtbar. Die Investitionsmeldungen der Kohle- und Stahlunternehmungen in der Montanunion für das erste Halbjahr 1962 sind bereits um mehr als 50 Prozent niedriger gewesen als im ersten Halbjahr 1961; bei Walzwerken, wo die Überkapazitäten besonders groß sind, sogar um fast zwei Drittel niedriger.[24]

Überträgt man diese Verhältniszahlen auf die Kennziffern des Nationaleinkommens, so bedeutet es, an den Zahlen für 1960 gemessen, daß die privaten Bruttoinvestitionen — und dies ist die Größe, mit der der Staatsverbrauch in erster Linie zu messen ist, wenn man seinen Einfluß abschätzen will — um rund 28000—38000 Mill. DM sinken würden. Das ist etwa das Dreifache des Betrages, um den der Staatsverbrauch einschließlich der Investitionen von 1957—1960 gestiegen ist und etwa das Drei- bis Vierfache der gesamten staatlichen Investitionen im Jahre 1960. Darüber hinaus aber würde ein solcher Rückgang der Investitionen auch einen Rückgang der Gesamtproduktion und der Konsumtion zur Folge haben. Nimmt man einen Beschäftigungsrückgang von nur 10 Prozent an, so entspräche dem ein Rückgang der Werktätigeneinkommen um rund 15500 Mill. DM. Das ist fast doppelt so viel wie der staatliche Verbrauch, ohne Investitionen, von 1957—1960 gestiegen ist; d. h. selbst ein Beschäftigungsrückgang um nur 10 Prozent würde die Steigerung des Staatsverbrauchs in diesem Zeitraum bereits wettmachen.

Während der Weltwirtschaftskrise von 1929—1933 sank die industrielle Produktion um etwa 45 Prozent, die Investitionen erheblich mehr als oben angenommen. Nehmen wir bloß einen durch die sinkenden Investitionen induzierten Rückgang der Gesamtproduktion um 20 Prozent an, so macht das eine Summe von etwa 150000 Mill. DM aus, also weit mehr als die gesamten Staatseinnahmen des Jahres 1960.

Es ist offensichtlich, daß ein scharfer allgemeiner Rückgang der Kapitalakkumulation — vor allem, wenn er international in Erscheinung tritt — durch eine Steigerung der Staatsausgaben nicht auszugleichen ist. Das ist auch der Grund, weshalb die bürgerlichen Konjunkturpolitiker ihr Hauptaugenmerk darauf richten, die Akkumulation des Kapitals anzuregen bzw. den Ersatz seines fixen Bestandteiles zu stimulieren.

In diesem Zusammenhang ist es ohne Zweifel bedeutsam, daß die Monopolbourgeoisie heute relativ sehr große Mittel zu diesen Zwecken einsetzen kann. Zählt man die Summen zusammen, die vom imperialistischen westdeutschen Staat zur Stimulierung der Kapitalakkumulation bzw. zur Milderung der Folgen der anarchischen Produktionsentwicklung verwandt werden, so erreichten sie 1960 eine Höhe, die annähernd der der privaten Nettoinvestitionen entsprach.

Man muß jedoch bedenken, daß auch der Einsatz dieser Mittel anarchisch erfolgt — im Nachhinein, je nachdem, wie und wo die Widersprüche der kapitalistischen Produktion aufbrechen oder die Bedürfnisse des Monopolkapitals es erfordern. Sie sind in gewissem Umfange also stets gebunden und die Mittel, die für zusätzliche Bedürfnisse eingesetzt werden können, sind sehr viel geringer als der Umfang des Gesamtfonds. Darüber hinaus verstärkt ihr Einsatz zugleich die Entfaltung der Wiedersprüche und je stärker diese fortschreitet, um

[24] Vgl. „Die Welt", a.a.O., vom 31. 8. 1962, S. 9.

so größer muß auch der Teil der staatlich zentralisierten Mittel sein, der zu ihrer „Milderung“ eingesetzt werden muß. Es ist anzunehmen, daß dadurch im Endeffekt selbst diese gewaltigen Mittel nicht mehr ausreichen, um den Rückgang der Investitionen zu verhindern — nämlich dann, wenn dieser Prozeß dazu geführt hat, daß sich die Widersprüche der kapitalistischen Produktion allgemein, allseitig und im Rahmen des gesamten imperialistischen Lagers entfaltet haben. Die Tatsache, daß der Einsatz dieser Mittel in der bisherigen Nachkriegsentwicklung die Produktion stimulierte, widerspricht dieser Annahme nicht, weil sie zusätzlich zu den der kapitalistischen erweiterten Reproduktion immanenten Auftriebskräften wirkten.

Mit diesen Vergleichen ist das Problem der Einwirkung des Staatsverbrauchs, d. h. des parasitären Konsums überhaupt, auf die zyklische Entwicklung der kapitalistischen Produktion keineswegs erschöpfend behandelt. Das ist, ausgehend von dem Material der volkswirtschaftlichen Gesamtrechnungen, auch gar nicht möglich. Sie bieten nur die Möglichkeit, Gesamtgrößen des kapitalistischen Reproduktionsprozesses festzustellen und daraus gewisse Schlüsse abzuleiten. Die Lösung so komplizierter Fragen macht speziellere Untersuchungen notwendig. Wir hoffen aber, gezeigt zu haben, daß die Gesamtgrößen der volkswirtschaftlichen Gesamtrechnungen, so verzerrt sie auch sind, interessante Zusammenhänge sichtbar werden lassen und daß ihre Beachtung notwendig ist, wenn die Bedeutung bestimmter Einzelprozesse des Reproduktionsprozesses des Kapitals im Imperialismus für den Gesamtprozeß eingeschätzt werden soll.

Marx' Modell der erweiterten Reproduktion*

ALFRED EVENITSKY**

Wenn MARX auch weiter nichts entdeckt hätte, die Ausarbeitung der Formel für die erweiterte Reproduktion würde genügen, um seinen Ruhm zu verbürgen, denn diese Formel stellt den Kern dar, um den ein komplexes und lehrreiches Modell, sowohl der sozialistischen als auch der kapitalistischen Wirtschaft gebaut werden kann.[1] MARX kann wahrhaftig als Vorläufer der gegenwärtigen Schöpfer ökonomischer Modelle betrachtet werden, denn er demonstrierte als erster diagrammatisch das komplizierte Verhältnis zwischen dem Akkumulationsprozeß und dem wirtschaftlichen Wachstum.

In einem Brief vom 6. Juli 1863 schickte MARX an ENGELS eine diagrammatische Darstellung seiner Reproduktionstheorie. MARX' Inspiration durch QUESNAY ist offensichtlich, tatsächlich verweist er auf das Diagramm als ein „Tableau économique",[2] und es ist ein großer Abschnitt des ersten Bandes der

* Der Autor möchte Dr. MAURICE DOBB danken, der den Entwurf zu diesem Artikel las und durch wertvolle Hinweise und Ermutigung half.

** Es handelt sich um die unwesentlich gekürzte Übersetzung eines Artikel aus „Science and Society", New York, 1963, No. 2. Die Redaktion betrachtet diesen Artikel als einen wertvollen Diskussionsbeitrag, ohne sich mit der Meinung des Autors in allen Punkten zu identifizieren.

[1] Es mag seltsam erscheinen, daß das gleiche Schema sowohl für die kapitalistische als auch für die sozialistische Gesellschaft verwendet werden kann, aber der Grund dafür ist offensichtlich: „Eine Veränderung in der Produktionsweise und in der Klassenstruktur der Gesellschaft wird von einer Veränderung in der sozialen und ökonomischen Natur der entsprechenden Teile des gesellschaftlichen Produktes begleitet, aber die Notwendigkeit für definitive quantitative Beziehungen zwischen ihnen bleiben bestehen. Die Unterteilung des gesellschaftlichen Produktes in Produktionsinstrumente (Arbeitsmittel), Arbeitsgegenstände und Konsumtionsmittel, die die substantielle (materielle) Zusammensetzung der Produktion charakterisiert, bleibt natürlich sowohl in der kapitalistischen als auch in der sozialistischen Produktionsweise bestehen." (V. NEMCHINOW, „Beziehungen der erweiterten Reproduktion", Fragen der Wirtschaft, Moskau, Nr. 10, 1959, S. 13.)

[2] Brief Nr. 67, MARX—ENGELS, Ausgewählter Biefwechsel, New York 1942. Ein anderes, weit besseres Diagramm von Marx, als das dieser Darstellung des Austausches zwischen den zwei Produktionsabteilungen zugrundeliegende, wurde, im Anhang des 2. Bandes von „Das Kapital" in der Ausgabe des Marx-Engels-Lenin Institutes 1933 veröffentlicht.

„Theorien über den Mehrwert" QUESNAY[3] gewidmet, wie auch ein Abschnitt im Anti-Dühring von ENGELS[4].

Durch MARX' Formel für die erweiterte Reproduktion, die eine Einleitung für die Theorie des wirtschaftlichen Wachstums liefert, wurde ein Kritiker an MARX gezwungen, einzuräumen, „die Marxisten sind der Entwicklung einer substantiellen Theorie des wirtschaftlichen Wachstums am nächsten gekommen . . ."[5], während ADOLPHE LOWE ohne Übertreibung behauptete: „MARX' Schema ist das einzige umfassende makro-ökonomische Modell des industriellen Produktionsprozesses, das vor KEYNES aufgestellt wurde."[6]

Es ist schwierig, MARX Reproduktionstheorie in einem einzigen Artikel zu erläutern, und es ist noch schwieriger, sie durch das Lesen eines Artikels zu beherrschen. Nichtsdestoweniger verlangt es die Wichtigkeit des Themas, daß alle Anstrengungen unternommen werden. Der vorliegende Artikel hat ein zweifaches Anliegen. Erstens: Das Wichtigste aus der Reproduktionstheorie von Marx so einfach wie möglich darzustellen. Zweitens: Die Behauptung zu prüfen, die, obwohl sie niemals von MARX formuliert wurde, in seinem System inbegriffen ist (und die bei Lenin ganz klar ist), daß eine bestimmte Wachstumsrate in der Konsumgüterproduktion eine höhere Wachstumsrate in der Produktion von Produktionsmitteln erfordert.

Die einfache Reproduktion

Wir wollen eine Situation unterstellen, die weder im Kapitalismus noch im Sozialismus gegeben ist, nämlich, eine Wirtschaft, die weder wächst noch sich verkleinert, eine, in der die Produktionsmittel genau in der Menge produziert werden, die erforderlich ist, um die verschlissenen Produktionsmittel zu ersetzen. Eine solche Voraussetzung entspricht nicht den realen Gegebenheiten, aber sie ist nichtsdestoweniger sehr wertvoll, weil sie es uns gestattet, die verschiedenen Seiten des Problems in ihrer einfachsten Form zu erkennen. Marx nannte diese Bedingung einfache Reproduktion.

Der Gesamtwert des nationalen Bruttoproduktes besteht nach MARX aus dem Wert der Produktionsmittel, die während seiner Produktion verschlissen wurden (konstantes Kapital), dem Wert der aufgewendeten Arbeitskraft (variables Kapital) und dem erzeugten Mehrwert. Wir können dies wie folgt darstellen:

$$W = c + v + m \,.$$

Die Waren bestehen im wesentlichen aus zwei Arten: aus Konsumtionsmitteln, die für den direkten Verbrauch hergestellt werden, (wie Hemden) und Produk-

[3] Siehe die Bonner-Burns Ausgabe (London 1951) S. 67–104.

[4] (New York n.d.) S. 273–83. Einige wertvolle zweitrangige Quellen sind: JEAN BÉNARD, „Marx und Quesnay", in FRANCOIS QUESNAY et la Physiocratie (Paris 1958) Bd. I S. 105–130; PIERRE MORIDE „Le produit net des Physiocrates et la plus-value des KARL MARX (Paris 1905) und HENRY WOOG „The Tableau Economique of Francois Quesnay (Berne 1960).

[5] EVSEY D. DOMAR „Economic Growth – An Econometric Approach", American Economic Review, Supplement, Vol. XLII, Nr. 2 (1952).

[6] „A structural Model of Production", Social Research, Vol. XIX, Nr. 2 (1952) p. 141.

tionsmitteln, oder Produktionsgütern, die für die Produktion von Konsumtionsmitteln bestimmt sind (wie Webstühle, die den Hemdenstoff herstellen). Wir lassen natürlich die Tatsache nicht außer Acht, daß es eine Menge Waren gibt, wie z. B. Heizöl, das ein Konsumtionsmittel ist, wenn es die Hausfrau kauft, um die Wohnung zu heizen und ein Produktionsmittel, wenn es von einem thermoelektrischen Kraftwerk gekauft wird, um Strom zu erzeugen, aber für analytische Zwecke, und tatsächlich auch in der Wirklichkeit, ist es eine einfache Angelegenheit, zwischen diesen zwei Arten des Gebrauchswerts zu unterscheiden.

Den Sektor der Wirtschaft, der sich mit der Herstellung von Produktionsmitteln befaßt, nannte MARX Abteilung I, wärend er jenen, der Konsumtionsmittel herstellt, Abteilung II nannte.[7]

Durch Indizierung können wir unsere frühere Formel nochmals getrennt für die zwei Abteilungen aufstellen.

Abteilung I $\quad W_1 = c_1 + v_1 + m_1$,

Abteilung II $\quad W_2 = c_2 + v_2 + m_2$.

Die Abteilungen I und II benötigen beide Produktionsmittel, aber nur Abteilung I produziert sie. Deshalb ist es offensichtlich, daß ein Austausch zwischen den zwei Abteilungen stattfinden muß, und zwar so, daß im Zustand des Gleichgewichtes die Produktionsmittel, die für beide Abteilungen erforderlich sind, gleich dem Ausstoß der Abteilung I sind

$$c_1 + c_2 = c_1 + v_1 + m_1 .$$

Mehr noch, die Arbeiter und Kapitalisten der Abteilung I können nicht von Revolverdrehbänken und Stahlschienen existieren. Sie müssen Konsumtionsmittel durch den Austausch mit Abteilung II erhalten. Die Bedingung des Gleichgewichtes erfordert für solch einen Austausch, daß die Konsumtion der Arbeiter und Kapitalisten von Abteilung I, plus der Konsumtion der Arbeiter und Kapitalisten der Abteilung II, genau so groß ist, wie der gesamte Ausstoß der Konsumtionsmittelabteilung.

$$v_1 + m_1 + v_2 + m_2 = c_2 + v_2 + m_2 .$$

Durch algebraische Vereinfachung können die letzten zwei Gleichungen auf

$$c_2 = v_1 + m_1$$

reduziert werden.

Dies ist die Gleichgewichtsformel für die einfache Reproduktion, und sie zeigt, daß der Ausstoß an Produktionsmitteln der Abteilung I (über den eigenen Ersatzbedarf hinaus) wertmäßig dem Ausstoß an Konsumtionsmitteln der Abteilung II (über den Verbrauch, der innerhalb der Abteilung stattfindet hinaus) gleich sein muß. Ein anderer Weg die Formel zu erläutern besagt, daß die Produktionsmittel, die in Abteilung II verschlissen werden, dem Wert der Waren, die von den Arbeitern und Kapitalisten der Abteilung I verbraucht werden, (oder der Einkommenssumme, die in Abteilung I ausgegeben wird) gleich sein müssen.

[7] Das Kernstück der MARX'schen Analyse des Reproduktionsprozesses findet man in den Kapiteln XX–XXI des zweiten Bandes des „Kapital".

Ein Diagramm soll diese Beziehungen klarer veranschaulichen:

Abteilung I $\qquad c_1 + \boxed{v_1 + m_1}\,,$

$\swarrow$

Abteilung II $\qquad \boxed{c_2} + v_2 + m_2\,.$

Vom Produkt der Abteilung I (Produktion von Produktionsmitteln) wird jener Teil, der c darstellt, innerhalb der Abteilung gebraucht, um die verschlissenen Produktionsmittel zu ersetzen. Der Rest, dargestellt durch v und m (die eingerahmt werden, um anzuzeigen, daß sie zwischen den Abteilungen ausgetauscht werden), wird an Abteilung II, zwecks Austausches gegen Konsumtionsmittel, übertragen.

Vom Produkt der Abteilung II (die Konsumtionsmittel herstellt), wird ein Teil, der im Wert c_2 gleich ist, nach Abteilung I transferiert und ausgetauscht gegen genügend Produktionsmittel, um die in Abteilung II verschlissenen zu ersetzen. Der Rest des Produktes von Abteilung II, das von v_2 und m_2 dargestellt wird, wird innerhalb der Abteilung verbraucht. Die Elemente des Reproduktionsschemas von MARX zeigen dialektische Dualitäten, deren Aspekte sich mit der Natur der Probleme, die durch das Modell gelöst werden sollen, verändern. Das Element v_2 zum Beispiel stellt, wertmäßig ausgedrückt, einen Teil der Produktion der Abteilung Konsumtionsmittel dar. Aber es repräsentiert auch die Löhne, die die Arbeiter jener Abteilung erhalten und die zur Bezahlung von Konsumtionsmitteln ausgegeben werden. Es stellt so gleichzeitig Produkt und Einkommen, Produktion und Konsumtion, Angebot und Nachfrage dar.

Es gibt noch eine zweite Dualität in der Reproduktionsformel von MARX, die nicht übersehen werden sollte. Die Waren, deren Elemente die Bausteine des Reproduktionsschemas sind, stellen nicht nur Werte, sondern auch Gebrauchswerte dar. Damit die Reproduktion ununterbrochen weitergehen kann, müssen nicht nur die Elemente des Ausstoßes in den genauen Wertproportionen vertreten sein, sondern auch die Reproduktionsmittel und Konsumgüter, als stoffliche Produkte, müssen im richtigen Verhältnis hergestellt werden.

Die erweiterte Reproduktion

Obwohl MARX' Schema der einfachen Reproduktion von großem Nutzen für analytische Zwecke ist, so ist seine Bedeutung für die Wirklichkeit gering, da Wachstum eher als Stagnation die normale Bedingung für eine Wirtschaft darstellt. Deshalb ist es notwendig, die Gleichungen nochmals im Lichte dieser Tatsache aufzustellen.

Das sine qua non der erweiterten Reproduktion ist, daß ein Teil des Mehrwertes, (der in der einfachen Reproduktion völlig konsumiert wurde) akkumuliert, d. h. zur Erweiterung des Produktionsmittelbestandes und zum Kauf zusätzlicher Arbeitskraft verwandt wird. Deshalb bezeichnen wir die Komponente des Mehrwertes wie folgt:

$$m = m_u + m_c + m_v\,,$$

wobei m_o jenen Teil des Mehrwertes darstellt, der von den Kapitalisten konsumiert wird, m_c jenen Teil, der zur Erweiterung der Produktionsmittel investiert und m_v jenen Teil, der für die Beschäftigung zusätzlicher Arbeitskräfte verausgabt wird. Der Ausstoß der zwei Abteilungen kann wie folgt dargestellt werden:

$$W_1 = c_1 + v_1 + m_{o_1} + m_{c_1} + m_{v_1}\,,$$

$$W_2 = c_2 + v_2 + m_{o_2} + m_{c_2} + m_{v_2}\,.$$

Unter der Bedingung einer harmonischen Entwicklung der erweiterten Reproduktion ist der Ausstoß an Produktionsmitteln gleich dem konstanten Kapital, das in beiden Abteilungen verbraucht wird, plus jenem Teil des Mehrwertes beider Abteilungen, der als Produktionsmittel akkumuliert wird.

$$W_1 = c_1 + c_2 + m_{c_1} + m_{c_2}\,.$$

In gleicher Weise muß der Ausstoß an Konsumtionsgütern der Summe der Löhne, die in beiden Abteilungen gezahlt werden, plus jenem Teil des Mehrwertes der beiden Abteilungen, der verausgabt wird beim Kauf von zusätzlicher Arbeitskraft, plus dem Mehrwert, der von den Kapitalisten der beiden Abteilungen verbraucht wird, gleich sein.

$$W_2 = v_1 + v_2 + m_{v_1} + m_{v_2} + m_{o_1} + m_{o_2}$$

nun, da

$$W_1 = c_1 + c_2 + m_{c_1} + m_{c_2}$$

aber auch

$$W_1 = c_1 + v_1 + m_{o_1} + m_{v_1} + m_{c_1}$$

folgt, daß

$$c_1 + c_2 + m_{c_1} m_{c_2} = c_1 + v_1 + m_{o_1} + m_{v_1} + m_{c_1}$$

daraus wird durch algebraische Reduzierung

$$c_2 + m_{c_1} = v_1 + m_{o_1} + m_{v_1}\,.$$

In gleicher Weise, da

$$W_2 = v_1 + v_2 + m_{v_1} + m_{v_2} + m_{o_1} + m_{c_2}$$

aber auch

$$W_2 = c_2 + v_2 + m_{o_2} + m_{c_2} + m_{v_2}$$

folgt, daß

$$v_1 + v_2 + m_{v_1} + m_{v_2} + m_{o_1} + m_{o_2} = c_2 + v_2 + m_{o_2} + m_{c_2} + m_{v_2} \quad \text{ist,}$$

das auch auf die gleiche Formel reduziert wird:

$$v_1 = m_{v_1} + m_{v_1} = c_2 + m_{o_2}\,.$$

Diese Formel zeigt die Gleichgewichtsbedingung der erweiterten Reproduktion.

Wiederholen wir, damit die Logik des Reproduktionsschemas von Marx völlig klar wird: der Ausstoß der zwei Abteilungen, wie wir uns erinnern, ist der folgende:

$$W_1 = c_1 + m_{c_1} + \boxed{v_1 + m_{o_1} + m_{v_1}}$$

$$W_2 = \boxed{c_2 + m_{c_2}} + v_2 + m_{o_2} + m_{v_2}$$

c_1 und m_{c_1} stellen jenen Wertteil des Produktes der Produktionsmittelabteilung dar, der in der Abteilung verbleibt, der erstere als Ersatz für die verschlissenen Produktionsmittel, der letztere zur Erweiterung des Produktionsmittelvorrates dieser Abteilung. Der Rest, $v_1 + m_{o_1} + m_{v_1}$ wird nach Abteilung II, im Austausch gegen Konsumgüter, übertragen. In Abteilung II werden $v_2 + m_{o_2} + m_{v_2}$ innerhalb der Abteilung konsumiert, während $c_2 + m_{c_2}$ mit Abteilung I gegen Produktionsmittel, als Ersatz für die in Abteilung II verschlissenen und für die Erweiterung des Produktionsmittelbestandes in Abteilung II ausgetauscht werden.

Nichts würde der Wahrheit weniger entsprechen als die Schlußfolgerung, daß das Schema von MARX entworfen wurde, um aufzuzeigen, daß der Kapitalismus in der Lage ist, sich glatt und ohne das Auftreten von Disproportionen zu entwickeln.[9] MARX setzte nur ein ideales Modell voraus, das ihm gestattete, die Elemente in seine hypothetische Ökonomie zu übernehmen. Weil unter den Bedingungen der kapitalistischen Wirtschaft „die Proportionalität ein Zufall ist“,[10] tendiert das MARX'sche Schema mehr dazu, die tatsächliche Unmöglichkeit, wirtschaftliche Krisen zu vermeiden, aufzuzeigen, als das Gegenteil.

Das MARX'sche Schema der erweiterten Reprodukion verweist auf drei Hauptgründe, warum die Gleichgewichtsbedingungen nicht aufrecht erhalten werden können:

1. Der anarchische Charakter der kapitalistischen Wirtschaft ruft Disproportionen zwischen Abteilung I und Abteilung II und in den einzelnen Zweigen der Wirtschaft hervor.

2. Die Reallohnrate steigt langsamer als die Produktivität, während die Masse des Mehrwertes investiert wird. Folglich wächst der Bestand an Produktionsmitteln schneller als die Nachfrage nach Konsumgütern.

3. Der technologische Fortschritt erfolgt mehr in der Form von Arbeitsersparnis als Kapitalersparnis.[12]

[9] Dieser Irrtum unterlief K. A. NAQVI, der behauptete: „Alle Versuche, auf der Basis des Marx'schen Reproduktionsschema nachzuweisen, daß das kapitalistische System zusammenbrechen muß, waren aus dem einfachen Grunde erfolglos, weil die schematische Darstellung der Akkumulation darauf hinzielte, das genaue Gegenteil zu beweisen.“ („Schematic Representation of Accumulation in Marx“, Indian Economic Review, Vol. V, Nr. 1 (1960) p. 22 n. 10).

[10] Kapital Bd. II, Dietz-Verlag Berlin 1951.

[12] JOAN ROBINSON, „The Model of an Expanding Economy“, Economic Journal, Vol. LXII, (March 1952) pp. 50—51.
Frau Robinson faßt diesen letzten Punkt etwas anders auf. Sie behauptet, daß MARX glaubte, der technische Fortschritt tendiere auf eine Erhöhung der Kapital-Ausstoß-Rate.

MARX' Modell der erweiterten Reproduktion ist ein brillantes, überzeugendes Werkzeug, das einen analytischen Rahmen liefert, innerhalb dessen die verschiedenen Probleme der komplexen Makro-Ökonomie behandelt werden können, aber es ist auf einem sehr hohen Niveau der Abstraktion formuliert. Deshalb wollen wir kurz noch einige der wichtigeren, vereinfachenden Voraussetzungen, die diesem Modell zugrunde liegen, anführen:[13]

a) Eine geschlossene Wirtschaft der freien Konkurrenz;

b) keine vorkapitalistischen Rückstände;

c) die Industrie ist der einzige Wirtschaftszweig;

d) das Fehlen von unproduktiven Tätigkeiten;

e) die Gesellschaft besteht aus nur zwei Klassen, Kapitalisten und Arbeitern;

f) nur die Kapitalisten sparen und investieren einen Teil ihres Einkommens;

g) die Preise weichen nicht vom Wert ab und bleiben stabil;

h) eine harmonische Wirtschaftsentwicklung ohne Krisen oder Zusammenbrüche;

i) ein einmaliger, einheitlicher Kapitalumschlag pro Jahr;

j) zwischen den zwei Abteilungen findet keine Kapitalübertragung statt;

k) eine unveränderte organische Zusammensetzung des Kapitals;

l) die Nutzungsdauer der Produktionsinstrumente ist konstant, so daß eine gegebene jährliche Investitionsrate eine gegebene jährliche Wachstumsrate im Vorrat der Produktionsinstrumente hervorruft.

Als eine Konsequenz dieses hohen Abstraktionsniveaus kann man von dem Modell per se nur die Ausgleichsbedingungen und die Logik des schnelleren Wachstums der Abteilung I herleiten. Sobald Versuche unternommen werden, das Reproduktionsschema mit konkreten Daten auszufüllen, gewinnt man die unterschiedlichsten Ergebnisse, diese hängen von den zugrunde liegenden, oben erwähnten Fakten ab, die in das Modell eingesetzt werden. Dies erklärt, warum die Theorien der kapitalistischen Entwicklung von TUGAN-BARANOWSKY[14], ROSA LUXEMBURG[15], FRITZ STERNBERG[16], OTTO BAUER[17], HENRYK GROSSMANN[18]

[13] Siehe D. OPARIN, „Die quantitativen Verhältnisse in den Modellen der erweiterten Reproduktion", Fragen der Wirtschaft, Moskau, Vol. II, Nr. 10/1960, S. 15–16; K. A. NAQVI, „Schematic Presentation of Accumulation in Marx", Indian Economic Review, Vol. V, Nr. 1 (1960) S. 13–14; SHIGETO TSURU, „Marx's Tableau Economique and 'Underconsumption' Theory", Indian Economic Review, vol. I, Nr. 3 (1953) p. 1 n. 1; JOAN ROBINSON, „The Model of an Expanding Economy", Economic Journal, vol. LXII, (March 1952) p. 45.

[14] Theoretische Grundlagen des Marxismus, Leipzig 1905.

[15] The Accumulation of Capital, London 1951.

[16] Der Imperialismus, Berlin 1926.

[17] „Die Akkumulation des Kapitals", Neue Zeit, Bd. XXXI, Teil I 1912–13.

[18] Das Akkumulations- und Zusammenbruchsgesetz des kapitalistischen Systems, Leipzig 1929.

und RUDOLF HILFERDING[19] so weit voneinander abweichen, obgleich sie alle von dem gleichen analytischen Rahmen ausgehen. TUGAN-BARANOWSKY, HILFERDING und BAUER entwickeln eine Perspektive der harmonischen kapitalistischen Entwicklung, LUXEMBURG und STERNBERG die eines kapitalistischen Zusammenbruchs durch ein Übermaß an Mehrwert und GROSSMANN die eines kapitalistischen Zusammenbruchs durch einen Mangel an Mehrwert. Weil MARX' Modell der erweiterten Reproduktion die Gleichgewichtsbedingung für die Ökonomie auseinandersetzte, diente es als Ausgangspunkt für die meisten bekannten Ausarbeitungen oder Ergänzungen seiner Krisentheorie.

Das wirtschaftliche Wachstum und die Priorität der Abteilung I

Es besteht eine Tendenz, die Bedingungen für das wirtschaftliche Wachstum mit den Bedingungen für ein schnelles wirtschaftliches Wachstum zu verwechseln. Wirtschaftliches Wachstum erfordert nur, daß ein Teil des Mehrwertes in zusätzliche Produktionsmittel und Arbeitskraft verwandelt wird. In einer hypothetischen Wirtschaft mit einer schnell anwachsenden Arbeitskraft, würde wirtschaftliches Wachstum, verbunden mit dem Verbrauch des gesamten Mehrwertes (über den eigenen Verbrauch der Kapitalisten hinaus) zur ausschließlichen Erweiterung des variablen Kapitals und einer entsprechend absinkenden organischen Zusammensetzung des Kapitals möglich sein. Als naheliegendes Beispiel können wir auf MARX' Diagramm der erweiterten Reproduktion verweisen, wo ein wirtschaftliches Wachstum dadurch stattfindet, daß der Kapitalist seine Investitionen zwischen konstantem und variablem Kapital in den gleichen Proportionen, wie jenen, die in der Vergangenheit vorherrschten, aufteilt, d. h. die organische Zusammensetzung des Kapitals unverändert bestehen bleibt.

Die Schnelligkeit des wirtschaftlichen Wachstums wird durch den Vorsprung bestimmt, mit dem der Ausstoß der Abteilung I die Ersatzausrüstungen für die Produktionsmittel der Abteilungen I und II übersteigt, d. h. durch die Größe Δ in der Formel:

$$W_1 = c_1 + c_2 + \Delta$$

(woraus folgt, daß $W_1 > c_1 + c_2$ und $v_1 + m_1 > c_2$).

Wenn wir MARX' vereinfachende Annahme, daß die organische Zusammensetzung des Kapitals unverändert[20] bestehen bleibt, fallenlassen, und statt ihrer eine steigende Tendenz setzen, die eine grundlegende Prämisse für das MARX'sche System ist, so sehen wir auf einmal, daß eine gegebene Wachstumsrate der Abteilung, die Konsumtionsmittel herstellt, caeteris paribus, eine höhere Wachstumsrate der Produktion der Abteilung, die Produktionsmittel herstellt, erfordert.

$$\Delta W_1 > \Delta W_2 .$$

[19] Das Finanzkapital, Wien 1923.

[20] Es ist sehr wichtig zu verstehen, daß MARX' vereinfachende Voraussetzung von einer steigenden organischen Zusammensetzung des Kapitals abstrahiert und nicht vom technologischen Fortschritt. Wir werden bald sehen, daß die beiden nicht notwendigerweise identisch sind.

Um dies klarer zu sehen, rufen wir uns die Formeln für den Ausstoß der beiden Abteilungen ins Gedächtnis zurück.

$$W_1 = c_1 + c_2 + m_{c_1} + m_{c_2} ,$$

$$W_2 = v_1 + v_2 + m_{o_1} + m_{o_2} + m_{v_1} + m_{v_2} .$$

Abteilung I muß sowohl den Ersatz für jene Produktionsmittel herstellen, die in beiden Abteilungen verschlissen wurden, $(c_1 + c_2)$ wie auch einen Zuwachs liefern, um den Bestand zu erweitern $(m_{c_1} + m_{c_2})$. Abteilung II hat sowohl den Konsumtionsbedarf der Gesellschaft zu decken, $(v_1 + v_2 + m_{o_1} + m_{o_2})$ wie auch die Erweiterung der Aufwendung für den Kauf von Arbeitskraft $(m_{v_1} + m_{v_2})$ zu ermöglichen. Da die organische Zusammensetzung des Kapitals ansteigt, muß das Gewicht des konstanten Kapitals in dem investierten Kapitalzuwachs größer sein, als sich für die Wirtschaft insgesamt ergibt,

$$\frac{\Delta m_{c_{11}} + \Delta m_{c_2}}{m_{c_1} + m_{c_2}} > \frac{\Delta m_{c_1} + \Delta m_{v_1} + \Delta m_{c_2} + \Delta m_{v_2}}{m_{c_1} + m_{v_1} + m_{c_2} + m_{v_2}}$$

was zeigt, daß eine gegebene Zuwachsrate in der Produktion der Abtilung II eine größere Zuwachsrate in der Produktion der Abteilung I erfordert.

Wir ersehen daraus, daß, wenn einmal der Prozeß des schnellen wirtschaftlichen Wachstums in Bewegung gesetzt ist, seine Fortsetzung zwei Bedingungen erfordert: Erstens, daß der Zuwachs der Investitionen in Produktionsmitteln für die Abteilung von Produktionsmitteln proportionell größer sein muß, als der Investitionszuwachs an Produktionsmitteln für die Abteilung von Konsumgütern.

$$\frac{\Delta m_{c_1}}{m_{c_1}} > \frac{\Delta m_{c_2}}{m_{c_2}} .$$

Zweitens, daß der Investitionszuwachs an Produktionsmitteln in beiden Abteilungen proportionell größer sein muß, als der Ausgabenzuwachs für Arbeitskraft.

$$\frac{\Delta m_{c_1} + \Delta m_{c_2}}{m_{c_1} + m_{c_2}} > \frac{\Delta m_{v_1} + \Delta m_{v_2}}{m_{v_1} + m_{v_2}} .$$

Wenn Abteilung II bevorzugt wird, so wird der Ausstoß an Konsumgütern anfänglich höher sein, als wenn Abteilung I bevorzugt würde. Aber da Abteilung I langsam wächst, stellt der Ausstoß von Abteilung II einen großen Anteil des langsam wachsenden Ganzen dar. Wenn Abteilung I bevorzugt wird, so wird der Ausstoß an Konsumgütern zuerst kleiner sein. Aber der schnell erweiterte Ausstoß der Abteilung I liefert die Bedingung für ein schnelleres Wachstum der Wirtschaft, in dessen Ergebnis der Ausstoß an Konsumgütern einen kleinen Anteil des schnell wachsenden Ganzen darstellt. Auf lange Sicht wird ein kleines Stück von einer großen Torte größer sein, als ein großes Stück von einer kleineren Torte. Dies ist zusammengefaßt die Logik der Betonung von Abteilung I, denn sie führt zu einem schnelleren wirtschaftlichen Wachstum und, auf lange Sicht, zu einem größeren Ausstoß an Konsumgütern.[21]

[21] Siehe den interessanten Artikel von P. C. Mahalanobis, „Some Observations on the Process of Growth of National Income", Sankhya, vol. XII, Part 4 (1953), in dem der Autor die Dynamik des Verhältnisses der beiden Abteilungen zum Nationaleinkommen herauszuarbeiten versucht.

Dieser Punkt wurde von Lenin klar verstanden, der die These entwickelte, daß schnelles wirtschaftliches Wachstum unter den Bedingungen einer steigenden organischen Kapitalzusammensetzung erfordert, daß der Ausstoß an Produktionsmitteln für die Herstellung anderer Produktionsmittel schneller wachsen muß, als der Ausstoß an Produktionsmitteln für die Herstellung von Konsumgütern, die, im Wechsel, schneller wachsen müssen als der Ausstoß an Konsumgütern.[22]

Es ist nunmehr notwendig, den Lehrsatz, daß irgend eine beliebige Wachstumsrate für den Ausstoß der Abteilung II eine höhere Wachstumsrate für den Ausstoß der Abteilung I erfordert, im einzelnen zu untersuchen. Dieser Lehrsatz, der von der Voraussetzung abgeleitet wurde, daß technologischer Fortschritt eine steigende organische Kapitalzusammensetzung (allgemein gesprochen, eine steigende Kapital-Ausstoß-Rate) erfordert,[23] ist scheinbar bei vielen sowjetischen Ökonomen beliebt, und wurde in den Status eines „Gesetzes der sozialistischen Wirtschaft" erhoben. Jedoch ist es auf keinen Fall sicher, daß eine steigende Kapital-Ausstoß-Rate ein notwendiger Begleitumstand des technologischen Fortschrittes ist. Es gibt verschiedene wichtige Faktoren, die zur Senkung dieser Rate beitragen:

1. Die Kapital-Ausstoß-Rate kann durch einen intensiveren und rationelleren Gebrauch der Produktionsmittel direkt gesenkt werden. Es erfordert keine große theoretische Sophisterei, um zu bemerken, daß der Ausstoß von Schuhen erhöht werden kann, ohne daß der Bestand an schuhherstellenden Maschinen vergrößert wird, wenn die Schuhfabrik zwei Schichten einführt. Wir können voraussetzen, daß eine sozialistische Gesellschaft mit vielen Anreizen für die rationellste und wirtschaftlichste Verwendung der Produktionsmittel (die natürlich sowohl zirkulierendes als auch fixes Kapital einschließen) niemals Mangel an einem nicht endenden Überfluß an Ideen und Neuerungen in dieser Richtung hat.

2. Die Kapital-Ausstoß-Rate kann durch die Einführung einer arbeitssparenden Neuerung in einem Wirtschaftszweig, der eine sehr niedrige organische Kapitalzusammensetzung hat, gesenkt werden. Dies kann sich durch Umlagerung von Produktionsfaktoren aus Zweigen mit hoher organischer Zusammen-

[22] „Was die sogenannte Frage der Märkte betrifft", Moskau 1954. Dieses bemerkenswerte Werk wurde erstmals 1893 geschrieben, aber das verlorengegangene Manuskript wurde erst 1937 wiederentdeckt. ROSA LUXEMBURG hätte vieles nicht geschrieben, wenn sie diese Arbeit gekannt hätte.

[23] Die Kapital-Ausstoß-Rate, wie sie allgemein angewendet wird, ist ein Grenzbegriff, der das Verhältnis des Zuwachses von fixen Kapital zu dem Zuwachs des Produktionsausstoßes mißt. Wir werden diesen Begriff hier in der Bedeutung der Gesamt-Ausstoß-Rate, d. h. des Verhältnisses zwischen dem Bestand an fixem Kapital zum Gesamtproduktionsausstoß, anwenden. Arbeitssparende Neuerungen (die eine Senkung der Quantität der lebendigen Arbeit, die in eine Wareneinheit eingeht) bewirken, erhöhen die Kapital-Ausstoß-Rate. Kapitalsparende Neuerungen (die eine Senkung der Quantität der toten Arbeit, die auf eine Wareneinheit übertragen wird, bewirken) bewirken eine Senkung der Kapital-Ausstoß-Rate. Unsere Voraussetzung, daß die organische Zusammensetzung des Kapitals und die Kapital-Ausstoß-Rate sich zusammen bewegen, wird von der Tatsache abgeleitet, daß die erstere in der Regel schneller wächst, als die Arbeitsproduktivität auf einem gegebenen technischen Niveau es bedingt.

setzung des Kapitals auf Zweige mit niedriger organischer Zusammensetzung ergeben. Die Verlagerung kann einen arbeitsintensiven Effekt haben, der groß genug ist, den kapitalintensiven Effekt der anfänglichen Neuerungen zu überwiegen, und der das paradoxe Ergebnis zeigen würde, daß eine arbeitssparende Neuerung in einem bestimmten Wirtschaftszweig eine kapitalsparende Konsequenz für die ganze Wirtschaft darstellen würde, was eine durchschnittlich niedrigere organische Kapitalzusammensetzung bedeuten würde.[24] Das ist keine weithergeholte Möglichkeit, da besonders in der sozialistischen Gesellschaft eine rationelle Investitionspolitik gern Wirtschaftszweige begünstigt, in der die Kapital-Ausstoß-Raten niedrig sind (und dadurch die Wirksamkeit der Kapital-Investitionen hoch ist).[25]

3. Die Kapital-Ausstoß-Rate kann durch die Einführung von technologischen Neuerungen, die eher kapitalsparend als arbeitssparend sind, gesenkt werden. Es kann kein Zweifel daran bestehen, daß der neue modulare Typ der Produktionsausrüstung (Standardisierung, Austausch, Mehrzweckeinheiten) und die meisten Typen der automatisierten Einrichtungen enorm kapitalsparend sind. Eine Investitionsrate für Produktionsmittel, wertmäßig ausreichend für den Ersatz, d. h. (eine Null-Wachstumsrate der Abteilung I) ist vereinbar mit wachsendem Ausstoß von Abteilung II, wenn die neue Ausrüstung, im Vergleich zur alten, genügend kapitalsparend ist.

Aber es gibt noch andere Faktoren, deren Einflüsse Zweifel an der absoluten Allgemeingültigkeit des Lehrsatzes hinsichtlich der Priorität der Abteilung I aufkommen lassen. Eine fortgeschrittene Technologie erfordert höher qualifizierte Arbeiter. Dies tendiert, durch die steigenden Ausgaben für Arbeitskraft, zu einer Erhöhung des v[26] (anders die drei vorangegangenen Faktoren, die für eine Verringerung des c wirkten). Da weiterhin ein steigender Nachdruck auf die Verbesserung der Leistung und Dauerhaftigkeit der Konsumgüter gelegt wird, wird ein gegebener Vorrat an Kapitalgütern einen steigenden wirtschaftlichen Effekt haben. Eine Fabrik, die in der Lage ist, eine Anzahl von Waschmaschinen herzustellen, die zwanzig Jahre intakt bleiben, produziert offensichtlich zehnmal soviel Güter, wie eine andere Fabrik, die die gleiche Anzahl von Waschmaschinen herstellt, aber mit einer Haltbarkeit von zwei Jahren.

Marx war dieser kapitalsparende Faktor nicht unbekannt. Tatsächlich widmete er ein ganzes Kapitel des Kapitals der „Ökonomie in der Anwendung des konstanten Kapitals".[27] Und in seinem Kapitel über die dem tendenziellen Fall der Profitrate entgegenwirkenden Ursachen, zitiert er wieder den Faktor der Verbilligung der Elemente des konstanten Kapitals.[28] Aber er glaubte nicht, daß

[24] Siehe Alexander Gerschenkron in „American Economic Review", vol. XLIX, Nr. 4 (1959) p. 735.

[25] Die sowjetischen Planer benutzen den Ausdruck „Koeffizient der absoluten Kapitalwirksamkeit", um auf den reziproken Wert der Kapital-Ausstoß-Rate zu verweisen.

[26] Diese interessante Feststellung wurde von Gustav Schlotter: „Über die historischen Bedingtheiten des Marx'schen Akkumulationsgesetzes" (Berlin, etwa 1930) gemacht, aber sie ist vielleicht nicht von allzugroßer Bedeutung.

[27] Marx, Karl, Das Kapital, a.a.O., Bd. III, Kapitel V.

[28] Ebenda.

im Endeffekt die kapitalsparenden Faktoren, gegenüber den arbeitssparenden, vorherrschen würden. Seine Betonung der arbeitssparenden Neuerungen war nicht zufällig. Zu seiner Zeit nahmen die Neuerungen größten Teils diese Form an. Aber zu Anfang des zwanzigsten Jahrhunderts kehrte sich der Trend um, und die Kapital-Ausstoß-Rate fiel ununterbrochen.[29]

Weil die zu geringe Ausnutzung der Kapazität eine zunehmend vorherrschende Eigentümlichkeit des Monopolkapitalismus ist, und weil diese Eigentümlichkeit die Kapital-Ausstoß-Rate steigert, bedeutet dies, daß sich in der Vergangenheit bereits eine kapitalsparende Richtung bei den Neuerungen von so ausgeprägtem Charakter durchgesezt hat, daß sie das Anwachsen der ungenutzten Kapazitäten überkompensierte.

Es ist nicht beabsichtigt, die Gültigkeit der allgemeinen Feststellung zu bezweifeln, daß alle anderen Bedingungen gleich, die Wachstumsrate der Wirtschaft als ganzes um so höher ist, je höher die Investitionsrate der Abteilung I ist.[30] Wir möchten nur die begrenzten Bedingungen ihrer Gültigkeit hervorheben (wenn die Priorität der Abteilung I die Notwendigkeit für eine schnellere Anstiegsrate der Abteilung I bedeutet, um eine gegebene Anstiegsrate der Abteilung II zu erreichen) und Zweifel äußern, die sich sowohl aus augenscheinlichem, als auch aus logischem Grunde erheben, daß dieser Umstand, durch annähernde Berechnung, die Perspektive der absehbaren Zukunft gestaltet. Das „Gesetz der Priorität von Abteilung I" ist genau gesprochen kein Gesetz. Es ist der Ausdruck einer historischen Tendenz, deren Manifestation eine Anzahl Voraussetzungen erfordert, für die es keine solide Berechtigung gibt.

[29] Der Rückgang begann, in laufenden Preisen gemessen, 1909; und 1919, wenn man Preise von 1929 zugrunde legte. Siehe Daniel Creamer, „Capital and Output Trends in Manufacturing Industry, 1880—1948, New York 1954.

[30] Unglücklicherweise ist dieses „ceateris paribus" nicht immer gegeben. Marx warnte in einem Abschnitt mit höchster Voraussicht: „Auf der Basis gesellschaftlicher Produktion ist zu bestimmen der Maßstab, worin diese Operationen, die während längrer Zeit Arbeitskraft und Produktionsmittel entziehen ohne während dieser Zeit ein Produkt als Nutzeffekt zu liefern, ausgeführt werden können ohne die Produktionszweige zu schädigen, die kontinuierlich oder mehrmals während des Jahres nicht nur Arbeitskraft und Produktionsmittel entziehen, sondern auch Lebensmittel und Produktionsmittel liefern."

MARX, KARL, Das Kapital, Bd. II, Dietz-Verlag Berlin, 1951, S. 359.

BUCHBESPRECHUNGEN

J. CHMELNIZKAJA, **Der westdeutsche Monopolkapitalismus.** Bearbeitete Übersetzung aus dem Russischen. Verlag „Die Wirtschaft" Berlin 1962, 323 S., 12,50 DM.[1]

Macht man sich mit westdeutscher Wirtschaftstheorie und -publizistik vertraut, liest man die Lobreden auf den westdeutschen Kapitalismus, dann erinnert man sich unwillkürlich an folgende Worte von Marx und Engels aus ihrer Arbeit „Die deutsche Ideologie": „Wie die medizinischen Wundermänner und Wunderkuren auf der Unbekanntschaft mit den Gesetzen der *natürlichen*, so fußen die *sozialen* Wundermänner und Wunderkuren auf der Unbekanntschaft mit den Gesetzen der *sozialen* Welt." Ob die heutigen westdeutschen „sozialen Wundermänner" sich nun auf die Sozialdoktrinen des politischen Klerikalismus, ob sie sich auf die Anschauungen der sogenannten Freiburger-Schule des Neoliberalismus oder auf das Godesberger SPD-Programm stützen und berufen, wenn sie die westdeutschen gesellschaftlichen Verhältnisse darstellen, so reden sie von einer Transformation des Kapitalismus in eine „Soziale Marktwirtschaft". Gegenüber der Zeit vor dem zweiten Weltkrieg, so wird behauptet, sei im Westdeutschland der Nachkriegszeit eine grundlegende Änderung der Wirtschaftsordnung vor sich gegangen.

Eine der wichtigsten Aufgaben des ideologischen Kampfes besteht u. a. darin, diese apologetische These an Hand der Tatsachen wirkungsvoll zu widerlegen und ein wahrheitsgetreues Bild des westdeutschen Imperialismus zu zeichnen. Unter den theoretischen Arbeiten, die dieser Aufgabe gewidmet sind und von marxistischen Autoren stammen, verdient das Werk der bekannten sowjetischen Wissenschaftlerin, Prof. J. CHMELNIZKAJA, „Der westdeutsche Monopolkapitalismus", das 1959 in der Sowjetunion erschien und 1962 in einer bearbeiteten deutschen Übersetzung veröffentlicht wurde, besonders hervorgehoben zu werden.

Die Verfasserin setzt sich das Ziel, „die ökonomische Entwicklung Westdeutschlands in ihren allgemeinen Grundzügen darzustellen". (S. 5)

Nachdem J. CHMELNIZKAJA einleitend einen kurzen Überblick über jene historischen Bedingungen gegeben hat, die die Bildung des westdeutschen Staates vorbereiteten, geht sie dazu über, „seine innere ökonomische Entwicklung und seine Stellung im Weltsystem des Kapitalismus" (S. 20) hinsichtlich der spezifischen Merkmale zu charakterisieren.

[1] Alle in Klammern stehende Seitenzahlen beziehen sich auf diese Arbeit.

Im ersten Kapitel werden die Besonderheiten der Entwicklung Westdeutschlands in der ersten Nachkriegsperiode skizziert. Bei der Beurteilung der Produktionskapazitäten, die den deutschen Monopolisten nach dem Kriege verblieben waren, wird deutlich, daß die Verluste durch Kriegsschäden und Demontagen bei weitem nicht so beträchtlich waren, wie es das „optische Bild" vermuten ließ. „Es ist darum nicht verwunderlich, daß die Schätzungen der westdeutschen Produktionskapazität in den Nachkriegsjahren immer höhere Ergebnisse brachten. Im Jahre 1947 schätzten deutsche Fachleute die Produktionskapazität der westdeutschen Industrie auf 68 Prozent des Vorkriegsniveaus (1936). Im Jahre 1949, ‚als das sogenannte langfristige Programm für die amerikanischen und britischen Besatzungsgebiete in Deutschland' (im Rahmen des Marshallplanes) aufgestellt wurde, ergaben die Schätzungen bereits 90 Prozent und später sogar 103 Prozent des Vorkriegsstandes." (S. 26)

Das Wiedererstehen des Monopolkapitalismus in Westdeutschland ging mit wirtschaftlicher und politischer Unterstützung der USA vonstatten. Von dieser Feststellung ausgehend, beurteilt die Verfasserin die Rolle der amerikanischen staatlichen „Hilfs"lieferungen. Von dieser „Hilfe", die für beide Seiten ein gutes Geschäft war, wurde nur ein verhältnismäßig geringer Teil für Investitionen verausgabt. Aus GARIOA- und ERP-Mitteln in Höhe von 7,298 Milliarden Mark wurden in der Periode von 1948—1954 3,852 Milliarden Mark für Investitionen verwendet. Das ist, wie die Autorin zeigt, nur ein geringer Teil der gesamten Anlageinvestitionen. Die eigentliche Bedeutung des „Marshallplanes" für den ökonomischen Aufbau Westdeutschlands besteht nach CHMELNIZKAJA darin, daß die Warenkredite die Versorgung mit Rohstoffen und anderen Elementen des zirkulierenden Kapitals möglich machten.

Im ersten Kapitel wird ferner eine Einschätzung der separaten Währungsreform in Westdeutschland, der Arbeitslohn- und Arbeitsmarktbedingungen und der Auswirkungen des sogenannten Korea-Booms für das Wachstum der westdeutschen Wirtschaft und für die Errichtung des Vorkriegsniveaus der Produktion vorgenommen.

Im folgenden Kapitel gibt Prof. CHMELNIZKAJA einen umfassenden Überblick über die neue Stufe der Konzentration von Produktion und Kapital in Westdeutschland. Angesichts der in diesem Zusammenhang dargelegten Tatsachen enthüllt sich das ganze Gerede von einer „Sozialen Marktwirtschaft" oder vom „Volkskapitalismus" als pure Heuchelei, die darauf berechnet ist, die wirklichen Verhältnisse zu verschleiern. „Im Jahre 1959 waren in Westdeutschland in den großen und größten Betrieben (500 und mehr Beschäftigte) 2,7 Prozent der Gesamtzahl der Betriebe — 51,4 Prozent aller in der Industrie beschäftigten Arbeitskräfte konzentriert. Diese Betriebe brachten mehr als die Hälfte des Umsatzes der westdeutschen Industrie. Auf die Riesenmasse der kleinen Betriebe (weniger als 50 Beschäftigte), welche 75,8 Prozent der Gesamtzahl der westdeutschen Industriebetriebe ausmachen, entfielen nur 11,3 Prozent der Beschäftigten und 10,2 Prozent des Umsatzes der Industrie." (S. 47)

Mit Recht macht die Verfasserin darauf aufmerksam, daß sich aus den westdeutschen Statistiken der tatsächliche Grad der Konzentration der Produktion nicht genau ermitteln läßt. Viele als selbständige Betriebe geführten Einrichtungen sind in Wirklichkeit Teile eines Kombinats. Die Gruppierung nach techtorial gesonderten Produktionseinheiten verhüllt den produktionsbedingten funktionellen Zusammenhang und somit den tatsächlichen Grad der Konzentration der Produktion.

Mit besonderem Nachdruck macht Prof. CHMELNIZKAJA darauf aufmerksam, daß die Konzentration auch in traditionellen Zweigen der Kleinproduktion, z. B. in der Nahrungsmittel-, Bekleidungs- und Lederindustrie, nach dem Kriege in erheblichem Umfang vor sich gegangen ist. Im Einzelhandel schreitet die Konzentration ebenfalls ständig fort. Neben den bekannten Warenhaus-Konzernen Karstadt, Kaufhof, Herten und Herti gewinnen die sogenannten „Ketten" als spezifische Konzentrationsform eine wachsende Bedeutung. Bereits 1958 gehörten z. B. „nicht weniger als drei Fünftel der in Westdeutschland bestehenden 170000 Betriebe derartigen Ketten an". (S. 53)

Mit der zunehmenden Konzentration der Produktion ist auch die Konzentration des Kapitals in Westdeutschland verbunden. Um diesen Prozeß zu zeigen, führt Prof. CHMELNIZKAJA u. a. die vom DWI berechneten Zahlen über die Anzahl und das Grundkapital der westdeutschen Aktiengesellschaften nach Kapitalgrößenklassen an, die im Juni 1961 veröffentlicht wurden. Die inzwischen veröffentlichten Zahlen (DWI-Bericht 14/1962) bestätigen die Schlußfolgerung CHMELNIZKAJAS voll und ganz. Die Gruppierung der kapitalistischen Gesellschaften nach Kapitalgrößenklassen kann aber nur ein annäherndes Bild des tatsächlichen Grades der Kapitalkonzentration vermitteln, weil das System der Beteiligungen es einer Handvoll großer Monopole gestattet, Dutzende formaljuristisch selbständige Aktiengesellschaften in Abhängigkeit zu halten. Nach einer neueren Untersuchung des DWI (Bericht 14/1962) gab es am 30. Juni 1962 in Westdeutschland 74 Aktiengesellschaften mit 100 Millionen Mark und mehr Grundkapital. Diese 74 Gesellschaften gehören zu nur 34 Konzernen bzw. Gruppen, zwischen denen wiederum Verbindungen bestehen.

Bei der Darstellung der Konzentration des Kapitals geht die Verfasserin auch auf die sogenannte Entflechtung der Schwerindustrie des Ruhrgebietes ein. Dabei wird gezeigt, daß die Entflechtung in Wirklichkeit eine Reorganisation der Konzerne bewirkte, die bereits vor Kriegsende geplant war. Darüber hinaus wurde der Anstoß dafür gegeben, daß bekannte Monopolisten die aus dem Verkauf bestimmter Teile ihres alten Konzerns erlangten Mittel für das Vordringen in andere Wirtschaftsbereiche und als Kapitalexportmittel verwendeten und auf diesem Wege ihre Positionen noch mehr festigten.

Das dritte Kapitel bietet eine Übersicht über die größten Monopole Westdeutschlands. Der Leser erhält einen durch eine Fülle von Material gestützten anschaulichen Beweis für die Machtpositionen der mächtigsten Monopole. Am Beispiel der ökonomischen Charakteristiken der Konzerne Thyssen, Krupp, Mannesmann, Haniel, Hoesch, Klöckner, RWE, Quandt-Wintershall, Flick, Siemens & Halske, AEG, IG-Farben u. a. erkennt er, wer die wirklichen Herren Westdeutschlands sind. Es sollte allerdings nicht übersehen werden, daß bestimmte konkrete Feststellungen, die diese Darstellung enthält, inzwischen überholt sind. Das kann bei einem so dynamischen Prozeß wie dem der Kapitalkonzentration kaum anders sein. In manchen Fällen lassen sich die Angaben, die die Arbeit von Prof. CHMELNIZKAJA enthält, durch entsprechendes Material aus den DWI-Berichten ergänzen oder korrigieren. Als Beispiel sei auf die Charakteristik des Thyssen-Konzerns auf Seite 69ff und auf den DWI-Bericht 11/1962 „Der Thyssen-Konzern" hingewiesen.

Im vierten Kapitel wird eine knappe Darstellung des westdeutschen Banksystems sowie der Organisationsformen des Finanzkapitals gegeben. Auf Grund ihrer Untersuchungen kommt die Verfasserin zu der Feststellung, daß sich alle Spielarten der westdeutschen Kreditinstitute zu einer Art Pyramide zusammenfügen, „deren Grundlage ein verzweigtes Netz von Privatbanken, Sparkassen, „Gemeinwirtschaftsbanken" und örtlichen Kreditinstitutionen zur Mobilisierung der Mittel breiter Bevölkerungsschichten bildet, während die ‚Großen Drei' die Spitze dieser Pyramide darstellen". (S. 104) Diese „Großen Drei" — Deutsche Bank, Dresdner Bank und Commerzbank — die seit je Konzentrationspunkte der Macht der deutschen Finanzoligarchie waren, üben diese Funktion heute auch in Westdeutschland wieder aus. Ihre Macht und ihr Einfluß ist jedoch — wie die Verfasserin nachweist — gegenüber den Vorkriegsjahren noch beträchtlich angewachsen. Auch an dieser Stelle sei der Hinweis gestattet, daß inzwischen eine spezielle Untersuchung des DWI über „Die Deutsche Bank — Zentrum des deutschen Finanzkapitals" (Bericht 15/1961) veröffentlicht wurde. Jeder Leser sollte diese Studie als eine willkommene Ergänzung zu den entsprechenden Passagen des Buches von CHMELNIZKAJA betrachten und zu Rate ziehen.

Wenn sozialdemokratische Theoretiker ihre These von der „Transformation des Kapitalismus" strapazieren, ist häufig auch von einer sogenannten „Demokratisierung des Kapitals" die Rede. Der praktische Beweis für diesen Prozeß werde u. a. durch die „Bank für Gemeinwirtschaft" erbracht. In Wirklichkeit ist diese Bank aber voll und ganz in das System des westdeutschen Monopolkapitals integriert. CHMELNIZKAJA macht darauf aufmerksam, daß die Aktiva der „Bank für Gemeinwirtschaft", die sich Ende 1960 immerhin auf 2,55 Milliarden Mark beliefen, keineswegs für die Bedürfnisse der Werktätigen verwendet werden, sondern der Finanzierung von Industriellen, Finanzleuten und Spekulanten dienen.

Besondere Aufmerksamkeit verdienen in diesem Kapitel die Darlegungen über die Organisationsformen des westdeutschen Monopolkapitals. Eingehend begründet die Verfasserin ihre Feststellung, daß die vorherrschende Form der Monopole in Westdeutschland komplizierte, mehrstufige Konzerne bilden. Die Analyse der von ihr untersuchten Faktoren mündet in einem Versuch, die charakteristischen Merkmale in der Organisationsstruktur der großen Konzerne Westdeutschlands zusammengefaßt darzustellen.

Ein wichtiges Instrument zur Beherrschung der westdeutschen Wirtschaft und zur Einflußnahme auf die verschiedensten Bereiche des politischen und sonstigen gesellschaftlichen Lebens steht der Finanzoligarchie in Gestalt der Unternehmerverbände zur Verfügung. Was sich bei einfacher Anschauung als ein Wirrwarr verschiedenartiger Verbände, Gruppen, Arbeitskreise, Kontore, Ausschüsse usw. darstellt, enthüllt sich im Resultat der Untersuchungen Prof. CHMELNIZKAJAS als ein zwar äußerst differenziertes und detailliertes, dabei aber wohl aufeinander abgestimmtes System ökonomischer und politischer Machtkonzentration und -ausübung der Finanzoligarchie. Diese Verbände und Vereinigungen erfüllen u. a. Kartell- und Syndikatsfunktionen und sind zugleich Hebel zur unmittelbaren oder mittelbaren Einflußnahme auf Parteien, Parlamente sowie die Amtsstellen der westdeutschen Regierung. Die größte dieser Organisationen, den „Bundesverband der Industrie", nennt CHMELNIZKAJA völlig zu Recht einen wirklichen „Generalstab der Monopole". (S. 114) Eine Kommandozentrale von ebensolcher Bedeutung, wenn auch mit anderen Aufgaben, ist die „Bundesvereinigung der Deutschen Arbeitgeberverbände",[2] die von CHMELNIZKAJA allerdings nur kurz erwähnt wird.

Das fünfte Kapitel trägt die Überschrift „Der staatsmonopolistische Kapitalismus in Westdeutschland". Obwohl das *Wesen* des staatsmonopolistischen Kapitalismus in allen Ländern gleich ist, finden sich, wie die Verfasserin feststellt, in den verschiedenen Ländern Besonderheiten, „die sich aus den spezifischen Bedingungen der inneren Entwicklung der einzelnen Länder und aus ihrer Stellung im kapitalistischen Weltsystem ergeben". (S. 118) Diese spezifischen Bedingungen, auf die CHMELNIZKAJA später im einzelnen eingeht, zeigen sich z. B. auch in den „Methoden und in der damit zusammenhängenden ideologischen Konzeption der deutschen Finanzoligarchie zur Verteidigung und Rechtfertigung des staatsmonopolistischen Kapitalismus". (S. 118) Von dieser These ausgehend wird erklärt, warum die offizielle Wirtschaftsdoktrin der herrschenden Kreise Westdeutschlands sich für eine sogenannte „freie" oder „soziale Marktwirtschaft" ausspricht und warum die neoliberalen Ideen zur theoretischen Grundlage dieser Doktrin werden konnten.

In ihren konkreten Untersuchungen des staatsmonopolistischen Kapitalismus in Westdeutschland geht die Verfasserin von folgender Überlegung aus: „Die Haupterscheinung des staatsmonopolistischen Kapitalismus in Westdeutschland war die Einmischung des Staates in den Reproduktionsprozeß, die eine größtmögliche Beschleunigung der Kapitalakkumulation zum Ziel hatte. Dementsprechend stellten die staatlichen Finanzen im weitesten Sinne des Wortes — der Staatshaushalt und die staatlichen Kreditinstitute, die mit dem System des Finanzkapitals verflochten und zu einer Einheit zusammengewachsen waren — die Haupthebel für die Einwirkung der Staatsmacht auf das Wirtschaftsleben dar." (S. 123)

Ihre Untersuchung der Einmischung des Staates in den Reproduktionsprozeß beginnt die Verfasserin mit einer Darstellung der Rolle der Staatsmacht bei der Umverteilung des Nationaleinkommens. Ausgehend von der Situation, die sich in Westdeutschland zum Zeitpunkt der Bildung des Bonner Staates ergeben hatte — einer Situation, in der die stattlichen Finanzen eine erstrangige Rolle spielten —, wird die direkte staatliche Investitionsfinanzierung analysiert.

Eine wichtige Quelle für die staatliche Unterstützung der Kapitalakkumulation waren die sogenannten „Gegenwertmittel", von denen ein Teil für die Gewährung von Investitionskrediten verwendet wurde. Die Verfasserin macht darauf aufmerksam, daß das Volumen dieser Kredite, gemessen am Gesamt kapital, das angelegt wurde, „an sich nicht beträchtlich" war. „Doch allein der Mechanismus ihrer Verteilung hatte zweifellos große Bedeutung für die Entwicklung des staatsmonopolistischen Kapitalismus." (S. 124)

[2] Siehe auch: BANASCHAK, M., Die Entwicklung der westdeutschen Unternehmerverbände und ihre Rolle im System des staatsmonopolistischen Kapitalismus, in: „Einheit", Berlin, Heft 6/1963, S. 93 ff.

Die Hauptquelle der staatlichen Investitionshilfe waren innere Mittel. Direkte und indirekte Steuern, die von staatlichen und örtlichen Haushalten akkumuliert wurden, dienten zum größten Teil zur Finanzierung privater Investitionen. Aber der Staat der Monopole förderte die private Investitionen nicht nur durch Subventionen und Kredite, die direkt aus Haushaltsmitteln gezahlt wurden. Die direkte staatliche Unterstützung zur Mobilisierung von Investitionskapital für die Monopole erfolgte auch auf andere Art und Weise. Besondere Aufmerksamkeit schenkt die Verfasserin den Methoden, mit denen die Mittel der Sozial- und Arbeitslosenversicherung und die Spar- und Versicherungsgelder als Quelle der privaten Investitionsfinanzierung erschlossen wurden.

„Ein Novum in der staatsmonopolistischen Finanzierung der Konzerne und Trusts war die zwangsweise Umverteilung von Kapital aller Industriellen zugunsten einer Gruppe von Zweigen der Schwerindustrie und der Energiewirtschaft, die vom Bonner Staat in den Jahren 1952 und 1953 durchgeführt wurde." (S. 126) Auf Grund des am 7. Januar 1952 erlassenen Gesetzes über die „Investitionshilfe" war eine langfristige Kreditierung der Konzerne der Schwerindustrie in Höhe von 4,75 Milliarden Mark möglich.

Aus den Untersuchungen von Prof. CHMELNIZKAJA ist auch die Rolle und Bedeutung der indirekten Methoden der staatlichen Finanzhilfe für die westdeutschen Monopole deutlich zu erkennen. Wir möchten die Aufmerksamkeit vor allem auf die eingehende Darstellung der in Westdeutschland praktizierten sogenannten „Selbstfinanzierung" lenken. Hierbei handelt es sich, wie die Verfasserin schreibt, um eine besondere Methode, „die Profitmasse unter Ausnutzung der Steuergesetzgebung in Kapital zu verwandeln". (S. 130) Es ist verständlich, wenn in einem Grundriß die Vielzahl der indirekten Methoden der staatlichen Finanzhilfe für die westdeutschen Monopole nicht in großer Ausführlichkeit dargestellt werden. Der Leser erhält jedoch einen instruktiven Einblick in die wichtigsten Maßnahmen, die der Förderung der mächtigsten Monopole dienen. Dazu gehören u. a. die für die Monopole günstigen Festlegungen für die Abschreibungen, Preisregulierungen, Zollgesetzgebung, Außenhandelsregulierungen, Devisenkontrolle, staatliche Kredite für die Außenhandelspartner, Förderung des privaten Kapitalexports, Beteiligung an zwischenstaatlichen Monopolabkommen, Kreditversicherung sowie Steuervergünstigung und Sonderkredite für Exporteure.

Einen besonderen Abschnitt des fünften Kapitals hat die Verfasserin der staatsmonopolistischen Regulierung der Landwirtschaft gewidmet. Bekanntlich wird die offizielle Doktrin der sogenannten „freien Marktwirtschaft" in Westdeutschland nicht auf die Landwirtschaft ausgedehnt. Die staatliche Einmischung im Bereich der Landwirtschaft wird mit dem Schlagwort von der „sozialen Gerechtigkeit" begründet. Um ein „Gleichgewicht" in der Wirtschaft herzustellen, sei der staatliche Eingriff notwendig. Wie die Untersuchungen Prof. CHMELNIZKAJAS zeigen, dient das aktive Eingreifen des Bonner Staates in den Bereich der Landwirtschaft, sei es nun durch Maßnahmen der Preisregulierung, der direkten Subventionierung, der finanziellen Unterstützung der landwirtschaftlichen Großproduktion aus Haushaltsmitteln oder der berüchtigten „Flurbereinigung", den Interessen des Monopolkapitals.

Manche der staatsmonopolistischen Regulierungen der westdeutschen Landwirtschaft erfolgen nicht direkt durch staatliche Stellen. Sie werden zu einem großen Teil durch Monopole der Nahrungsmittelindustrie und die Verbände des Groß- und Einzelhandels verwirklicht.

Das fünfte Kapitel schließt mit einem kurzen Abschnitt über das staatliche Eigentum ab. Diese Darstellungen lassen erkennen, daß das Eigentum des Bonner Staates keineswegs „sozialen" Zielen dient, sondern den Interessen der größten westdeutschen Monopole nützt. Sei es nun, daß die privaten Monopole, wenn sie als Abnehmer auftreten, zu besonders günstigen Preisen oder Tarifen durch die Staatsbetriebe beliefert werden, oder sei es, daß sie bei der Privatisierung besonders profitabler Staatsunternehmen den Löwenanteil einstreichen. Mit Recht macht die Verfasserin darauf aufmerksam, daß im Unterschied zu den USA, wo der Verkauf staatlichen Vermögens an die Finanzmagnaten offen erfolgte, sich die westdeutschen Monopole mancher Umwege bedienen, um den mit demagogischen sozialen Phrasen motivierten Verkauf staatlicher Betriebe für sich selbst zu einem einträglichen Geschäft zu machen.

Der Vollständigkeit halber sei hier erwähnt, daß nach dem Erscheinen des hier besprochenen Buches zum Problem des staatlichen Eigentums in Westdeutschland die umfangreiche und gründliche Spezialuntersuchung von L. Maier und L. Ivannek „Unternehmerstaat — zur Rolle der Staatskonzerne in Westdeutschland" im Dietz Verlag herausgegeben wurde.

Das sechste Kapitel ihres Buches widmet Prof. Chmelnizkaja der Analyse der Faktoren des Nachkriegsaufschwunges der westdeutschen Wirtschaft. Der erste Abschnitt dieses Kapitels enthält ein Bild vom Verlauf des ökonomischen Zyklus in Westdeutschland. Dem Leser wird unseres Erachtens das Verstehen des Gesamtprozesses wesentlich dadurch erleichtert, daß die Verfasserin darauf verzichtet, spezielle Probleme der Zyklusbewegung schon bei der Darstellung des *Zyklusverlaufs* zu erörtern. Die Behandlung dieser für den Zyklusverlauf wichtigen Probleme, nämlich der Akkumulation und Konsumtion, der Erneuerung und Erweiterung des fixen Kapitals und des Marktproblems, erfolgt in zwei besonderen Abschnitten.

Bei der Darstellung des Zyklusverlaufs wird u. a. gesagt, daß die Bewegung der westdeutschen Wirtschaft sich 1951 in den Rahmen des allgemeinen Weltzyklus einzufügen begann. Auf die Zweifelhaftigkeit dieser These machte bereits Dieter Klein in seiner Rezension des Buches von Prof. Chmelnizkaja in der „Einheit" Nr. 6/1963 aufmerksam. Allerdings hat Klein die Ansicht der Verfasserin nicht exakt wiedergegeben. Chmelnizkaja sagt nicht, daß die westdeutsche Wirtschaft 1951 schon in den Rahmen des allgemeinen Weltzyklus *eingefügt sei*, sondern daß sie sich *einzufügen begann*. Leider führt die Verfasserin aber keine stichhaltigen Gründe für ihre Feststellung an und die im weiteren folgenden Darlegungen über den spezifischen Verlauf des Zyklus in Westdeutschland sprechen eher gegen als für ihre These.

Gestützt auf eine gründliche Analyse des statistischen Materials sowie durch eine kritische Auswertung von Äußerungen bürgerlicher Ökonomen über die westdeutsche Wirtschaftsentwicklung hebt Prof. Chmelnizkaja folgende spezifische Faktoren hervor, die für die Entwicklung des Nachkriegszyklus in Westdeutschland bestimmend waren: „erstens — eine im Vergleich zu den anderen westeuropäischen Ländern umfassende Erneuerung des technischen Apparates der Industrie als Folge der Kriegszerstörungen und Demontagen; zweitens — ein relativ niedriger Anteil der Konsumtion und demzufolge ein äußerst hoher

Ausbeutungsgrad der Werktätigen; drittens — die Ausnutzung des Umsiedlerstroms durch die westdeutschen Monopole als zusätzliche und (das ist gerade das Wesentliche) außerordentlich billige Arbeitskraft, die außerdem noch auf das allgemeine Lohnniveau drückte; viertens — eine in ihrer Art einmalig günstige Situation für den Absatz westdeutscher Ausrüstungen auf dem Weltmarkt, die durch die spezifischen Besonderheiten der Nachkriegsperiode hervorgerufen wurde; fünftens — das Fehlen so umfangreicher direkter Rüstungslasten, wie sie in den anderen imperialistischen Ländern vorhanden waren." (S. 187)

Im siebenten Kapitel wird „die Stellung Westdeutschlands im kapitalistischen Weltsystem" behandelt. Das in diesem Kapitel zusammengefaßte und dargegebotene Material bestätigt in eindrucksvoller Weise die Wirksamkeit des Gesetzes von der ungleichmäßigen Entwicklung der kapitalistischen Länder. Nach dem Umfang der Industrieproduktion belegt Westdeutschland im kapitalistischen Weltsystem heute hinter den USA den zweiten Platz. Der prozentuale Anteil der vier bedeutendsten kapitalistischen Länder an der Industrieproduktion aller Länder des kapitalistischen Weltsystems im Jahre 1960 geht aus folgenden Zahlen hervor: USA 44,2; Westdeutschland 7,8; Großbritannien 7,6; Frankreich 4,8.

Gestützt auf ihr mächtiges Industriepotential eroberten sich die westdeutschen Monopole ihre im Zusammenhang mit dem zweiten Weltkrieg verlorengegangenen Positionen auf dem kapitalistischen Weltmarkt wieder zurück. Ebenso wie in der Industrieproduktion nimmt Westdeutschland auch im kapitalistischen Außenhandel hinter den USA die zweite Stelle ein. Widersprüche zwischen den kapitalistischen Hauptländern, wie sie vor allem in der letzten Zeit bemerkt wurden, sind nur zu verstehen, wenn die ihnen letztlich zugrunde liegenden ökonomischen Ursachen begriffen worden sind. Das Verständnis hierfür kann durch die Untersuchungen, die das siebente Kapital der Arbeit von Prof. CHMELNIZKAJA enthält, wesentlich gefördert werden.

Ein Charakteristikum des Imperialismus ist die internationale Verflechtung des Monopolkapitals. „Vielen Erscheinungen der internationalen Beziehungen der kapitalistischen Welt liegen die Interessenverflechtungen der verschiedenen Gruppen des Monopolkapitals zugrunde", schreibt Prof. CHMELNIZKAJA, (S. 215). Eine Gesamtdarstellung des westdeutschen Monopolkapitals muß folglich auch „die Verflechtung des westdeutschen Kapitals mit dem Auslandskapital" in den Kreis seiner Betrachtungen einbeziehen. In der vorliegenden Arbeit ist das achte Kapitel dieser Frage gewidmet. Bis Ende 1960 betrug allein die Summe der ausländischen Dauerbeteiligungen an westdeutschen Aktiengesellschaften 3850 Millionen Mark. Es ist aber zu beachten, daß die sogenannten „Spitzenwerte", d. h. Aktien der bedeutendsten westdeutschen Monopole seit einiger Zeit auch an ausländischen Börsen gehandelt werden. Auslandsbeteiligungen gibt es außerdem auch an Unternehmen, die eine andere Rechtsform als die einer AG haben. Die Verfasserin begnügt sich nicht damit, den Einfluß des ausländischen Kapitals durch globale Zahlen zu charakterisieren, sondern sie zeigt dem Leser auch seine Verteilung auf die einzelnen Zweige der westdeutschen Industrie. Verflechtung des westdeutschen Kapitals mit dem Auslandskapital bedeutet natürlich auch, daß westdeutsche Monopole sich ökonomische Positionen in anderen Ländern zurückerobert haben. Bekanntlich sind die Monopole sehr darum besorgt, daß von ihren internationalen Abmachungen nichts in die Öffentlichkeit dringt. Aber es ist natürlich nicht zu vermeiden, daß Angaben über die Beziehungen in die Presse durchsickern. Nur wenn man, wie die Verfasserin, diese Mosaiksteinchen in geduldiger Arbeit zusammenträgt, kann man eine annähernde. Vorstellung von dem Charakter und den Richtungen der internationalen Beziehungen der westdeutschen Monopole in der Gegenwart vermitteln.

Im neunten Kapitel wird die Rolle des westdeutschen Monopolkapitals in den westeuropäischen zwischenstaatlichen Abkommen untersucht und dargestellt. Bekanntlich wird die Tendenz zum Abschluß derartiger Abkommen, die zu den Entwicklungsmerkmalen der internationalen Beziehungen der kapitalistischen Länder in der Gegenwart gehört, von einer Flut apologetischer Argumente begleitet. Die sogenannte „Integration Europas" wird z. B. als eine historisch notwendig gewordene ökonomisch und politisch harmonische Vereinigung der westeuropäischen Länder dargestellt. Die wirklichen Triebkräfte dieser „Integration" und die Rolle, die die westdeutschen Monopole in diesem Prozeß spielen, sowie die Ziele, die sie verfolgen, sind in der maxistischen Literatur schon häufig dargelegt worden. Auch die Darlegungen von Prof. Chmelnizkaja bestätigen erneut auf eindringliche Weise, daß die „Integration Europas", die dem westdeutschen Imperialismus zunächst als Aushängeschild für seine Wiedergeburt diente, „in der Gegenwart zum wichtigsten Faktor seiner erneuten Expansion" wurde. „Es unterliegt keinem Zweifel, daß die Idee von der Hegemonie in Europa trotz der bitteren Lehren der jüngsten Vergangenheit noch immer in den Köpfen der westdeutschen Monopolisten herumspukt. Selbstverständlich müssen sie heute nach neuen Mitteln und Wegen Ausschau halten, die einerseits für sie unter den gegebenen politischen und wirtschaftlichen Bedingungen gangbar sind und andererseits die führenden Kreise der übrigen Westmächte nicht vor den Kopf stoßen." (S. 243) Die Verfasserin stellt dar, wie sich der „Europäische Integrationsprozeß" bis 1960 vollzog und welche Position der westdeutsche Imperialismus in diesem Prozeß einnahm. Die mitgeteilten Fakten zeugen davon, daß der westdeutsche Imperialismus, gestützt auf seine wirtschaftliche Überlegenheit, nach der Hegemonie in Europa strebt. Die Widersprüche, die hierbei zwischen den kapitalistischen Ländern Westeuropas notwendigerweise auftreten müssen und in den verschiedensten Formen auch schon aufgetreten sind, — Prof. Chmelnizkaja geht auf diese Widersprüche ein — widerlegen die apologetische Behauptung von einem *harmonischen* Integrationsprozeß gründlich.

Im abschließenden zehnten Kapitel ihres Buches untersucht Prof. Chmelnizkaja den Kapitalexport und die Expansion Westdeutschlands in die wirtschaftlich schwachentwickelten Länder. Mit der wachsenden ökonomischen Kraft der westdeutschen Monopole nahm auch die wirtschaftliche Expansion des westdeutschen Imperialismus mittels des Kapitalexports ständig zu. Der Leser erhält einen guten Einblick in die verschiedenen Methoden des Kapitalexports, er wird mit den spezifischen Bedingungen vertraut gemacht, die dem westdeutschen Kapitalexport in der Nachkriegszeit besondere Züge aufprägten er erfährt, wie sich das exportierte Kapital auf die verschiedenen territorialen Anlagengebiete und auf verschiedene Wirtschaftszweige verteilt.

Den Charakter des westdeutschen Imperialismus zu zeigen, das bedeutet auch, seine neokolonialistischen Ziele und Praktiken aufzudecken. Wie die Verfasserin — gestützt auf ein reiches Tatsachenmaterial — darlegt, betreibt die westdeutsche Finanzoligarchie, unter Ausnutzung ihrer günstigen ökonomischen Positionen, seit Jahren eine systematische neokolonialistische Politik. Diese Politik wird scheinheilig mit dem Mäntelchen einer sogenannten ,,Hilfe für die schwachentwickelten Länder" umhüllt. In letzter Zeit hielten es die westdeutschen Monopole für angebracht, ein eigenes Bundesministerium zu bilden, das sich speziell mit der Durchsetzung der neokolonialistischen Interessen der Finanzoligarchie beschäftigt. Es wurde — einige Beispiele werden auch von der Verfasserin genannt — ein ganzes Netz von privaten oder halbstaatlichen Institutionen und Einrichtungen geschaffen, die der imperialistischen Durchdringung der wirtschaftlich schwachentwickelten Länder dienen.

Es ist erfreulich, daß der Leser in der Arbeit von Prof. Chmelnizkaja Auskunft darüber erhält, worin das Besondere der neokolonialistischen Doktrin des westdeutschen Monopolkapitals besteht. Allerdings scheint uns die Ansicht, daß die neokolonialistische Doktrin der westdeutschen Monopole eine Ergänzung der amerikanischen Doktrin sei (S. 285), die Problematik doch zu vereinfachen. Ebenso wie der Zerfall des Kolonialsystems ein sehr vielseitiger Prozeß ist, so ist auch die Reaktion der Imperialisten darauf sehr beweglich. Daher sehen wir eben sehr häufig, daß die apologetischen Doktrinen und die pragmatische neokolonialistische Politik sehr verschiedene Sachen sind.

Im Vorwort zur deutschen Ausgabe des hier besprochenen Buches schreibt Prof. Chmelnizkaja: ,,Wenn das Buch dazu beiträgt, die friedliebenden Kräfte ganz Deutschlands in ihrem Kampf zu unterstützen, darf ich seine Aufgabe als erfüllt ansehen." (S. 5)

Der Rezensent möchte seiner Hoffnung Ausdruck geben, daß dieser von echtem proletarischen Internationalismus zeugende Wunsch der Verfasserin durch eine weite Verbreitung ihrer Schrift zur Wirklichkeit wird.

Hermann Turley

CONTENTS

SOMMAIRE

СОДЕРЖАНИЕ

32219

J. A. KRONROD

Das Geld in der sozialistischen Gesellschaft

Theoretischer Grundriß

Übersetzung aus dem Russischen

Nach der zweiten überarbeiteten Auflage (Moskau 1960)

übersetzt von Amalie Höft und wissenschaftlich bearbeitet von Wilhelm Schmidt

391 Seiten – 39 Tabellen – Halbleinen – 28,– DM

In der zweiten überarbeiteten Auflage seines Werkes, das hier in deutscher Sprache vorgelegt wird, wertet der bekannte sowjetische Ökonom J. Kronrod die Ergebnisse der in den Jahren 1956 bis 1959 geführten Diskussion über die Warenproduktion und das Wertgesetz im Sozialismus aus. Im Mittelpunkt seiner Arbeit steht die Frage nach dem Wesen des Geldes im Sozialismus, nach seinen Funktionen, den materiellen Grundlagen und den hauptsächlichen Gesetzmäßigkeiten der Geldzirkulation im Sozialismus. So untersucht der Autor auch die eng miteinander verknüpften Fragenkomplexe: Welchen Inhalt bringt das Geld im Sozialismus zum Ausdruck? Welche Stellung nimmt das Geld im sozialistischen Reproduktionsprozeß ein, welches ist sein Verhältnis zu den anderen Elementen und Faktoren des Reproduktionsprozesses und zu den anderen Wertkategorien? Schließlich widmet Kronrod den Möglichkeiten und Bedingungen, das Geld im Sozialismus bei der planmäßigen Gestaltung der erweiterten sozialistischen Reproduktionsprozesse bewußt und planmäßig auszunutzen, einen breiten Raum.

Bestellungen durch eine Buchhandlung erbeten

AKADEMIE-VERLAG · BERLIN

FSC
www.fsc.org
MIX
Papier | Fördert gute Waldnutzung
FSC® C083411

Kolibri 360 GmbH
Ferdinand-Jühlke-Straße 7
99095 Erfurt, Deutschland
produktsicherheit@kolibri360.de